dtv

Bären sind die ersten Lebensabschnittsgefährten unserer Kindheit, sind intime Vertraute, langmütige Zuhörer und verlässliche Seelentröster. Die beiden Herausgeber haben sich dem Phänomen Bär in seiner ganzen Bandbreite gewidmet und in diesem vergnüglichen wie aufschlussreichen Lesebuch Geschichten, Essays und Reportagen versammelt. Im Mittelpunkt steht der Teddybär, denn diese frühe Herzensbindung, so wissen Liebhaber, ist abgrundtief echt und vollkommen gegenseitig. Doch es finden sich auch Erkundungen über den wilden Bären und Antworten auf die Fragen, warum er tanzt, warum er Dämon und Kuscheltier zugleich ist und warum er nicht nur bei Kindern und Sammlern, sondern auch in Literatur und Werbung so beliebt ist. Tröstlich zu erfahren ist, dass selbst abgeliebte Teddybären in einer Klinik wiederhergestellt werden oder ihren Lebensabend in der Geborgenheit eines Heims verbringen können.

Franz Josef Görtz, geboren 1947 in Aachen, ist politischer Redakteur der ›FAZ‹, veröffentlichte Bücher über Schuhe und Haare, Traktoren und das Telefonieren.
Hans Sarkowicz, geboren 1955, ist Leiter des Bereichs Kultur und Hörspiel beim Hessischen Rundfunk. Gemeinsam haben die beiden Journalisten die Werke Erich Kästners herausgegeben und eine Biografie über ihn verfasst.

Das Bären-Buch

Herausgegeben von
Franz Josef Görtz und Hans Sarkowicz

Deutscher Taschenbuch Verlag

Von Franz Josef Görtz ist im Deutschen Taschenbuch Verlag
erschienen:
Telefonieren. Kleine Philosophie der Passionen (20319)

Originalausgabe
November 2000
2. Auflage Dezember 2000
© Deutscher Taschenbuch Verlag GmbH & Co. KG,
München
www.dtv.de
Das Werk ist urheberrechtlich geschützt.
Sämtliche, auch auszugsweise Verwertungen
bleiben vorbehalten.
Umschlagkonzept: Balk & Brumshagen
Umschlagfoto: © Fotoarchiv J & M Cieslik
Satz und Gestaltung: Hartmut Czauderna,
Gräfelfing
Gesetzt aus der 10,4/13,2˙ Stempel Garamond
auf Apple Macintosh QuarkXPress
Druck und Bindung: C. H. Beck'sche Buchdruckerei,
Nördlingen
Gedruckt auf säurefreiem, chlorfrei gebleichtem Papier
Printed in Germany · ISBN 3-423-20375-7

Inhalt

Hans Sarkowicz lässt den Bär los 7

Max Kruse
Meine Teddybären 13

Franz Josef Görtz
Behaglich brummt das Kuscheltier 25

Monika Osberghaus
Bääär! Denn Bären machen Kinder glücklich 35

Ludwig Bechstein
Das Nusszweiglein 51

Jan-Uwe Rogge
Von den Bären-Kräften der kindlichen Fantasie 59

Bernd Fritz
Wie ein deutsches Witzebuch über unsere Gummibärchen
einmal sogar auf amerikanisch gedruckt wurde 69

Caroline Möhring
Freundliches Kuscheltier, blutrünstige Bestie 73

Cord Riechelmann
Wie der Bär ins Berliner Wappen kam 93

Heiner Boehncke
Gummibärchen 97

Hilde Weeg
»Position 2311 – Minky-Zotty, abgeliebt, ohne Limit«
Zu Gast bei einer Spielzeug- und Teddyauktion in
Mönchengladbach 101

Dorothea Friedrich
Er will dir seine Tatze reichen
Bären sind Spielzeuge – oder etwas Wildes 117

Hilde Weeg
»Bären sind irgendwie immer in unserem Hirn«
Ein Besuch bei der Teddyexpertin und -sammlerin
Christel Pistorius 135

Die Autoren 151

Bildquellenverzeichnis 155

Hans Sarkowicz lässt den Bär los

Es gab Zeiten, da hat wünschen noch geholfen. Und da lebten in Deutschland richtige große Bären. Die Brüder Grimm berichten davon, in ihren Märchen und in ihrem ›Deutschen Wörterbuch‹, das einige Überraschungen bereithält. Und zwar beileibe nicht nur so kurios anmutende Wortschöpfungen wie »Bärenbeiszer«, »Bärenhäuterbank«, »Bärenstengler« oder »Bärenstecherlein«, was immer sich dahinter verbergen mag. Nein, von den Brüdern Grimm erfahren wir auch, dass der Bär im alten Germanien ganz selbstverständlich als »König der Tiere« galt. Konkurrenzlos. Denn nördlich der Alpen kannte noch niemand den Löwen. Braunbären waren dagegen in den germanischen Wäldern so häufig, dass sie bis nach Rom exportiert wurden. Dort dienten sie den Kaisern und den vergnügungssüchtigen Städtern als grausige Belustigung. Bis zu tausend Bären mussten in den Amphitheatern gegen Hunde, Löwen, Leoparden oder Gladiatoren kämpfen. Eine realistische Überlebenschance hatten sie dabei nie. So stand schon früh der germanische Bär gegen den römischen Löwen, später dann der fränkische Löwe gegen den alemannischen oder sächsischen Bären, der sich in zahlreichen Stadtwappen erhalten hat.

Eine kultische Anrufung des Großen Bären, wie in der Steinzeit, gab es aber nicht mehr. Ganz im Gegenteil: Dass Bären bä-

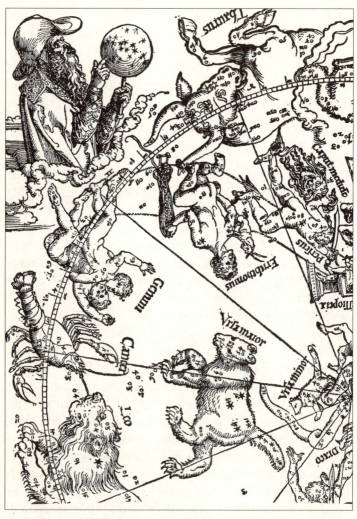

Ursa maior und Ursa minor. Ausschnitt aus einer Himmelskarte von Albrecht Dürer

renstark waren, verführte die Menschen dazu, sie bezwingen zu wollen. Wem das nicht gelang, der band seinen Mitmenschen einen Bären auf und erzählte ihnen von seinen vermeintlichen Heldentaten. Und einem Bär, der die heranrückende Jägergefahr, vielleicht im Winterlager, wie ein Bär verschlafen hatte, dem half auch kein bäriges Brummen oder bärbeißiges Verhalten mehr. Als Tanzbär musste er nun über die Jahrmärkte ziehen und für einen Batzen (was sich zumindest in Bern vom Bären ableitet) so tapsig tanzen wie ein Bär. Damit sein Bärenführer und er anschließend ihren Bärenhunger stillen konnten. Bärenführer oder Bärentreiber waren meistens selbst ungeleckte Bären, also grobe Gesellen, die sonst vor jedem den Bären machen mussten. Wenn sie auf ihr Betriebskapital nicht aufpassten, war der Bär los. Eigentlich hätte dann nur ein Bäranbinder helfen können, wäre das kein Hochstapler gewesen, der selbst nicht ein und aus wusste, weil er seine Schulden nicht bezahlen konnte. Manch einer dieser (faulen) Bärenhäuter wollte die Haut des Bären schon verkaufen, bevor er ihn überhaupt erlegt hatte.

So wurde den Bären mit ihren Auftritten auf Jahrmärkten und Volksfesten ein Bärendienst erwiesen. Denn wer mit Maulkorb und Strick, dazu noch aufrecht auf zwei Beinen vor (menschlichen) Bärenfüßen tanzen musste, der durfte auf keinen Respekt mehr hoffen. Die Erfindung des Schießpulvers tat ein Übriges. Der Kampf Mann gegen Bär war ungleich geworden. Die Bärenjagd galt jetzt als ein besonderes und nicht weiter gefährliches Vergnügen. So ist der Braunbär in Deutschland, bis auf wenige Restbestände in Zoos, ausgestorben. In Europa lebt er noch in bescheidener Anzahl in Skandinavien, in den Karpaten, in den Pyrenäen, auf dem Balkan, in den italienischen Alpen und in den Abruzzen. In Deutschland ist dafür der amerikanische Waschbär heimisch geworden, genauso

scheu wie sein großer Verwandter, aber weitaus findiger, wenn es darum geht, in einer tierfeindlichen Zivilisationslandschaft zu überleben.

Als die Braunbären aus den Wäldern verschwanden, tauchten sie in den Kinderzimmern, Büchern, Filmen und in der Werbung wieder auf. Als liebenswerte Zeitgenossen, knuddelig statt gefährlich, starteten sie ihre friedliche Invasion. Mit dem Teddybären von Margarete Steiff und dem leicht trotteligen Pu an der Spitze. Seither wächst kaum ein Kind in der westlichen Welt ohne Plüsch- oder Bilderbuch-Bär auf. Und bei manchen hält sich die Liebe bis zum Erwachsenenalter. Gleich ein ganzes Bündel Sammler-Zeitschriften, internationale Auktionen und die sorgfältig verschlossenen Vitrinen mit Luxus-Teddys in Spielwarengeschäften zeugen davon.

Was hat gerade den Bären zum begehrtesten Spielzeug, zu *dem* ersten Lebensabschnittsgefährten und zum fast menschlich geliebten Sammelobjekt gemacht? Warum kann heute ein renommierter Philosoph, ohne dabei rot zu werden, von einer nicht minder renommierten Buchreihe als »geistigem Teddybären des modernen Menschen« sprechen? Diesen und anderen existenziellen Fragen wollen wir in dem vorliegenden Band auf ganz verschiedenen Wegen nachgehen: von der Teddy-Produktion bis zum Teddy-Altenheim, vom Bär als Bären bis zum Bär als Filmstar und vom Berliner Bär bis zum Gummibärchen. »Wer einmal den Bären im Wald gesehen hat, hört in jedem Busch sein Brummen«, heißt es in einem alten deutschen Sprichwort. Und genauso scheint es heute zu sein. Wer Augen und Ohren aufmacht, der sieht und hört überall Bären. Auch dazu soll der Band dienen, als verlässlicher Führer durch eine Welt, die schon lange von Bären erobert worden ist. Wir haben es nur noch nicht richtig bemerkt.

Max Kruse

Meine Teddybären

Als ich gefragt wurde, ob ich eine Geschichte über Teddybären schreiben wolle, noch dazu über die Teddys meiner Kindheit, war mein erster Impuls: Dazu fällt mir nichts ein. Hatte ich überhaupt jemals einen Teddy gehabt? So einen drolligen, knuddeligen, einen Pu-der-Bär? Als Buch ja, aber da war ich schon fast erwachsen und Pu-der-Bär war mein Entzücken. Nicht nur mein Entzücken, sondern auch mein literarisches Vorbild, als ich 1947 mein erstes Kinderbuch schreiben sollte. Feige wie ich war, verzichtete ich darin auf eine Bärenfigur, sogar für die kleinste Nebenrolle. Man sollte mich ja nicht des Plagiats bezichtigen. Ich tarnte den Bären also als Löwen. Und das klappte. So entstand ›Der Löwe ist los!‹. Das Buch hätte auch ›Der Bär ist los!‹ heißen können. Aber der Löwe als Steiff-Tier, den ich als Vorbild nahm, war auch drollig, eine eigenständige Persönlichkeit. Er war kein Held für die Geschichte eines gefährlichen Löwen. Es wurde ein lieber Löwe.

Im Übrigen spielten außer den verschiedensten Plüschtieren die Puppen meiner Mutter – Käthe-Kruse-Puppen, die bei uns so selbstverständlich waren wie das Mehl im Brot – die Hauptrollen. Aber keine Bären.

Mein geliebter Bär war also Pu, ein später und literarischer Gefährte. Viel früher hatte ich aber doch einen Bären im Bett gehabt, als Dreikäsehoch. Er gab allerdings nur ein kurzes Gastspiel. Ein richtiger Teddybär war er eigentlich nicht, seine Organe, Muskeln, Knochen, Gliedmaßen bestanden nicht aus einem festen Material, also etwa Holzwolle oder Fasern, sondern aus Nichts – aus Luft! Inwendig war mein Bär ein Gummischlauch zum Aufblasen. Der Schlauch steckte in der hellbeigen Plüschhülle des Fells. Es war ein Eisbär. Ich mochte ihn. Er war federleicht. Unmöglich, sich an ihm wehzutun oder ihn einem Spielkameraden auf den Kopf zu hauen. Wenn ich traurig war, tröstete er mich. Dann ließ ich die Luft entweichen, er stieß feine, jammernde Töne aus, seine Wangen fielen zusammen, sie wurden hohl, oh, so elend! Die Nase rümpfte sich lasch, der Leib fiel bejammernswert in sich zusammen, seine Ärmchen und Beinchen glichen Handwaschlappen. Nur seine Augen behielten unverändert ihre kugelige Form und ihren dunklen, traurigen Glanz. Sie waren aus Glas und leuchteten hilfeflehend aus der schlaffen Hülle, die ich bis zur Unkenntlichkeit zusammenknautschte. Aber ich vermochte ihm ebenso, wunderbarer Schöpfungsakt, wieder Lebensodem einzuhauchen – durch kräftiges Pusten. Sein Leib rundete sich, sein Kopf erhob sich unternehmungslustig. Das befriedigte mich. Er war auf mich angewiesen.

Als ich zwölf Jahre alt wurde, ließen Hitler und Göring den Reichstag in Brand stecken. Meine Mutter verfrachtete mich kurz entschlossen in die Schweiz. Den Bären ließ ich daheim. Er entschwand meinen Augen in dem Maße, in dem mir Menschen wichtiger wurden als Spielzeug, als meine Kindheit verging.

Als mir viel später wieder einmal ein Kinderbuch einfiel, war es eine Bärengeschichte, eine Geschichte um einen auf der Auer Dult in München – dem beliebten Volksfest und Trödelmarkt – geklauten Plüschbären. Ich war schon erwachsen, sogar doppelter Vater, man schrieb 1958, das liegt also weit, weit zurück in der Vergangenheit, in der Mitte des vorigen Jahrhunderts, das eben noch unser aller Jahrhundert gewesen ist. Es gab und gibt viele Leute, die weite Reisen zur Dult unternehmen. Weniger, weil sich auf ihr Karussells drehen, sondern weil dort Verkaufsbuden in langen Reihen stehen, zwischen denen man hindurchschlendern und den schönsten Trödel finden kann: altes Geschirr, Töpfe, Tiegel und Kannen, Teppiche, Kleider, Bilder mit röhrenden Hirschen und hölzerne Heilige mit Wurmlöchern. Da duftet es nach Kräutern, es wird gelacht, geschwatzt, geguckt, gehandelt, und dieses Geräuschgewirr wird durchwoben von der Leierkastenmusik des Rummels.

Damals steckte das Fernsehen noch in den Kinderschuhen, es war noch nicht colorbunt wie heute, die Dult hätte sich sonst als wahrer Farbrausch präsentiert. Aber auch schwarz-weiß konnte sie jeden Kameramann begeistern.

Wieso Fernsehen? Nun, es gab im Bayerischen Rundfunk bereits eines der ersten deutschen Kinderprogramme, in der seligen, kultivierten Zeit der öffentlich-rechtlichen Anstalten, fern von jedem Schielen nach Einschaltquoten. Der Leiterin des Kinderprogramms, einer Halbgöttin mit einschüchterndem Doktortitel, gefiel meine Geschichte. Sie sei so münchnerisch! Ja, ich sollte sie verfilmen.

Ich war jung und ich war high! Die Zukunft lag mir zu Füßen! Aber – wer sollte die beiden Kinder spielen? Ein Mädchen und dessen Bruder? Ich hatte natürlich an meine Kinder gedacht.

»Ich habe ein Pärchen im richtigen Alter, Stefan und Sylvia.«
»Gut, also Probeaufnahmen.«

Trällernd nach Hause. Aber ich hatte meine Rechnung ohne meine beiden Rangen gemacht. Deren Begeisterung hielt sich in Grenzen. Weder Stefan noch Sylvia wollten Fernsehstars werden. Sie zogen Schnuten. Na ja, nach München-Freimann fuhren wir zusammen, das war aber auch alles. Da stand ich mit dem Kameramann, da stand ich mit dem Tonmeister – und meine Kinder machten alles, nur nicht, was sie sollten. Sie turnten über Geländer, sie schaukelten auf Wippen, sie jagten sich mit Stöckchen, sie kabbelten sich, sie stritten sich, sie schlugen sich, kreischten, lachten, weinten; der Tonmeister hatte längst die Kopfhörer abgenommen, der Kameramann – ein Meister seiner Zunft – die Arriflexkamera wieder eingepackt. Es war hoffnungslos. Schließlich gingen meine Kinder auch noch auf dem Gelände verloren. Ich musste einsehen, dass von diesen undressierten Sprösslingen – es war die Hochblüte des Internats Summerhill, der »repressionsfreien Erziehung« – nie Glanz auf mich fallen würde. Ich hatte nicht nur keine Stars in die Welt gesetzt, ich selber war nicht zum Regisseur geboren.

Und der Teddybär? Gleich. Der Film hieß: ›Der Teddybär‹. Die Doktorin vom Kinderfernsehen telefonierte nur einmal kurz – sie kannte ehrgeizige Eltern. Ach, diese beiden Kinder mochten ja gut erzogen sein, aber sie waren so langweilig! Zunächst einmal mussten wir allen Aufputz entfernen: die große weiße Schleife, die rote Krawatte.

Dann trat ich einen Bittgang zu einem gerade brotlosen Regisseur an und bot ihm mein bescheidenes Autorenhonorar, in dem raffinierterweise die Regie bereits enthalten war. Er witterte den Beginn einer neuen Karriere und nahm an.

Alles klappte. Am ersten Drehtag lachte die Sonne, zur Auer Dult grüßten die Türme der Frauenkirche, ein perfektes Münchner Kolorit.

Auch meine Kinder – die nicht mehr meine Kinder waren, die ich aber immer noch Stefan und Sylvia nannte – und ich versuchten unsere Rollen zu spielen. Überall, wo wir auftauchten,

bildeten sich Neugiertrauben um das Fernsehteam, um Regisseur, Kameramann, Tonmeister. Ich fühlte mich bedeutend. Wir hatten durch die Doppelreihen der Stände zu schlendern und dem Vogeljakob zuzuhören. Mit einem Plättchen, das er in den Gaumen schob, machte er die Vögel nach. Leicht ging das! Er trillerte und zwitscherte! Aber wenn ich auch die gleichen Plättchen erstand, ich konnte es nicht. Blamiert gab ich auf. Wir überließen uns wieder dem allgemeinen Lärm.

An den Ständen blätterte ich in vergilbten Büchern, die Kinder zogen mich weiter: sie wollten zum Rummel. Wir kamen an langen Reihen rotfunkelnder Kupferkannen vorbei. Vor einem Stand mit Bauernmöbeln blieb ich wieder stehen und fantasierte von einem bemalten Schrank. Stefan und Sylvia protestierten: »Zum Karussell!« Da fiel mein Blick auf das, was ich suchte: Ein blauer Bauernkasten mit oben geschwungenen Türen, rote Blumen darauf. Den wollte ich haben. Ich sprach den Verkäufer an. Er erwies sich als teurer Mann. Da hieß es, sich an den Basar von Istanbul zu erinnern und zu handeln. Das kostete Nerven und vor allem Zeit. Auch das gehört zur Dult, nur nicht für meine Kinder. Stefan wurde brummig und Sylvia motzte: »Weiter!«

Also sollten sie doch laufen. Die Dult ist schließlich kein Oktoberfest, wo man sich sofort aus den Augen verliert. »Pass auf den Stefan auf!«, bat ich Sylvia. »Hier sind zwei Mark für jeden. In einer halben Stunde seid ihr wieder hier!« Sie nickten und trollten sich.

Jetzt, wo sie alleine waren, fanden sie plötzlich wieder viel zu sehen! Da war ein Schießstand. Ein Lodenmann stützte seine Arme auf und zielte nach Nummern unter Steckblumen, die im Hintergrund aufgereiht waren. Jede Nummer war gleichzeitig ein Preis. Es gab aber auch Hauptpreise, die auf einem Regal neben der Tapetentür standen: Ein kleiner Zoo aus Stofftieren. Zebras, Affen, Giraffen, Elefanten – und ein brauner Teddy. Stefan schaute und träumte. Der Bär war fast so groß wie er, im Kopf blinkten Glasaugen. »Ach!«, schnaufte Stefan.

»Komm!« Sylvia drängte. Sie hörte die Karussells so nah.

Jetzt rief der Budenbesitzer: »Meine Herrschaften! Schießen ist eine Freude, Schießen ist eine Lust ... Wer schießt, hat mehr vom Leben ... Jeder Schuss ein Kuss! Nur fünfzig Pfennige für zwei Schuss, fünf Schuss für eine Mark – schauen Sie die tollen Preise! Alles fast geschenkt!«

Der Schütze zielte ... und zielte ... und konnte sich nicht entschließen, abzudrücken.

Da reckte sich Stefan auf die Zehenspitzen. Er reichte sein Zweimarkstück über die Theke. »Ich will den Bären schießen!« Nicht »bitte!« und nicht »möchte!«.

Der Herr über Preise und Gewehre hob die Hand. »Troll dich! Du bist noch viel zu klein. Die Polizei erlaubt es nicht. Sie würde mir die Bude schließen. Fahr Karussell!« Stefan schob seine Unterlippe vor. Enttäuschung. Dann der Einfall: »Ich kaufe den Bären!«

Wieder ein Kopfschütteln. »Die Tiere sind meine Preise. Man kann sie nur schießen, nicht kaufen!«

Sylvia wurde ungeduldig. Im Karussell rollten Motorräder, da fuhren rote Autos, da drehten sich Rotoren von Hubschraubern. »Stefan, komm!«

»Der Bär!«

»Vergiss ihn.« Ach, würde der Langweiler im Lodenanzug nur nicht so lange zielen. Dann hätte er den Bären vielleicht schon geschossen. Sie griff nach Stefans Hand. Er aber sah, dass die hintere Tür der Schießbude nicht richtig geschlossen war. Er duckte sich, witschte unter der Theke um die Bude herum, schob den Kopf durch den Spalt, schnellte empor und griff nach dem Bären.

Der Bär plumpste herab. Er gab einen erschreckten Rülpser von sich, einen Brummton. Stefan umschlang ihn mit beiden Armen und verschwand mit ihm hinter der Budenwand im Gewühl.

Sylvia schnappte erschrocken nach Luft. Gerade drückte der umständliche Schütze ab, eine Nummernscheibe zersprang und der Budenbesitzer rief: »Na, nun haben Sie den großen Bären geschossen, Glückwunsch!«

Ja, Glückwunsch! Der Bär war ja weg! Sylvia versteckte sich hinter einer Kiste. Der Budenbesitzer schöpfte sofort Verdacht. Er drückte dem Gewinner als Ersatz einen Elefanten in die Hand und rief einen Polizisten, der gerade vorüberging: »Es war ein Junge«, erklärte er ihm und zeigte mit der Hand seine Größe.

Der Polizist nickte. Der Budenbesitzer ließ eine Plane herab und hängte ein Schild davor: »Vorübergehend geschlossen«. »Es ist ja nicht wegen des Bären«, erklärte er. »Aber wenn ich so etwas einreißen lasse, kommen die kleinen Diebe wie die Raben ...« Er ging mit der Staatsgewalt davon. »Er ist bestimmt auf dem Rummel« war das Letzte, was Sylvia hörte.

Oh Gott, dachte sie, jetzt kommt Stefan ins Gefängnis. Sie sauste auch zum Festplatz. Da stießen Autoscooter aneinander, am Rand standen die Wohnwagen der fahrenden Leute, nur Stefan sah sie nicht!

Wie sollte sie ihn zwischen so vielen Menschen finden? Rasch, gleich, sofort! Schneller als die beiden Männer, vor der Polizei!

Stefan zockelte verträumt an Buden vorbei und drückte seinen Bären ans Herz. Er schnupperte den Geruch von Lebkuchen. Die duftende Verkäuferin hielt ihm einen entgegen und lockte: »Hier, Kleiner, ganz frisch!«

Stefan schüttelte den Kopf. Er schlenderte weiter. Der Glotzkopf des Bären und sein rechter Arm hingen über seiner Schulter – ein müdes Kind.

»Schau mal, Bär, da ist ein Eisstand!«

Der Bär schaute nicht. Er mochte kein Eis. »Du bist mir ja

einer!« Der weiße Klecks auf seiner schwarzen Nase sah aus wie Rasierseife. Er zerging und tropfte zu Boden.

»Na, vielleicht magst du Karussell fahren, Bär!« Stefan kletterte hinauf. Er wählte ein Motorrad, den Bären setzte er in den Beiwagen. Ein Mädchen, das dort einsteigen wollte, wehrte er ab.

»Das geht nicht!« Der Junge, der das Fahrgeld kassierte, brachte das Mädchen zurück: »Hier muss sie sitzen!«

»Hier sitzt mein Bär!«

»Dann bezahlst du auch für den Bären! Zwanzig Pfennige!«

Stefan nahm den Bären auf den Schoß. Der Lautsprecher dröhnte, das Karussell begann sich zu drehen, die Buden und Menschen ringsum liefen nach hinten weg.

Sylvia wollte auch gern Karussell fahren, aber sie musste Stefan suchen. Sie lief rasch weiter.

Stefan strahlte. »Das ist lustig!«, schrie er dem Bären ins Ohr. Der Bär wackelte mit dem Kopf. Stefan lehnte sich weit zur Seite und lenkte sein Motorrad energisch in die Kurve. Er drückte den Gummiball der Hupe. Da rutschte ihm der Bär aus dem Arm, flog auf die Wiese und mit der Nase in eine Pfütze. Halt! Halt! Gut, dass die erste Karussellfahrt gerade vorbei war. Stefan rutschte vom Motorradsattel und stürzte zur Wiese. Jetzt war die Nase erst richtig dreckig.

Im Kasperltheater war es dunkel! Schnell hinein! Die Vorstellung fing gleich an.

Sylvia wollte auch gern in das Kasperltheater gehen, aber sie musste Stefan suchen. Also ging sie vorbei.

Innen schrien die Kinder, auch Stefan. Er stampfte mit den Beinen auf, als der Kasper auf der Brüstung schlief und der Teufel – Parlicke-parlucke – hinter ihm hochschoss.

»Kasper! Kasper!!« Der Kasper rührte sich nicht.

Stefan sprang auf. Aber da war der Kasper schon dabei, den Teufel zu verhauen.

Draußen war es hell! Die Nase des Bären war immer noch schmutzig! Stefan angelte sein keineswegs blütenreines Taschentuch zwischen rostigen Nägeln, Bindfäden und einem Stück Kork heraus und putzte die Bärennase.

Der Bär schien zu brummen. Die Sonne stand hoch am Himmel, da drehte sich auch eine Traube aus bunten Luftballons.

So einen musste der Bär haben! Warte hier am Gestänge, zwischen dem die Schiffschaukeln auf und ab sausen.

Den obersten wollte er, den roten mit dem Mondgesicht. Ach, wie lange der Verkäufer brauchte, bis er den richtigen gefunden und abgeschnitten hatte.

Da hatte der Bär Zeit zum Sitzen und zum Ausruhen.

Sylvia jubelte, als sie ihren Bruder bei den Luftballons fand. Erst wollte sie ihn rufen, aber sie ahnte, da würde es Gezeter geben! Besser war es anders. Stefan kaufte einen Ballon, Sylvia nahm den Bären – weg war sie.

Da kam Stefan zurück, der Luftballon schwankte über seinem Schopf. Himmel! Wo war der Bär?

»Da ist ja der Bub!«, rief der Budenbesitzer. Auch er hatte meinen Stefan gefunden. Der Polizist legte ihm die Hand auf die Schulter und fragte: »Wo hast du den Bären?«

Fort, hoch in die Lüfte flog der Luftballon mit seinem freundlichen Mondgesicht.

Stefan schluckte und murmelte: »Eben war er noch hier!«

»Wirklich? Ich weiß jedenfalls, dass du ihn geklaut hast«, erklärte der Budenbesitzer.

»Nein, ich habe ihn nur ausgeborgt! Der Bär wollte Karussell fahren! Danach wollte ich ihn wiederbringen.«

Der Polizist legte die Stirn in Falten. »Sie haben mir erzählt, dass der Junge eine Schwester hat, stimmt's?«

»Genau!«

»Und die Schwester ist nicht hier, stimmt's?«
»Scheint so!«
»Na, dann wollen wir mal an die Bude zurückgehen. Es würde mich nicht wundern, wenn der Bär inzwischen wieder friedlich im Regal säße!«

Die beiden nahmen Stefan in ihre Mitte und brachten ihn zur Schießbude. Sylvia sah den Budenbesitzer die Plane hochziehen ...

Stefan schaute den Bären verdutzt an und der Bär schaute Stefan an. Bestimmt, der Bär grinste! Da grinste Stefan auch.

Der Budenbesitzer kratzte sich am Hinterkopf.

So war die Geschichte. Sie ist nun zu Ende – oder doch nicht? Vielleicht fing sie für mich, den »Vater«, ja eben erst an. Ich hatte nun den Schrank bezahlt und suchte »meine Kinder«.

Ich fand sie bei der Schießbude. Da wurde mir eine Geschichte erzählt, die mich nicht freute. Der Budenbesitzer knurrte endlich: »Also schießen Sie wenigstens den Bären.« Ich zielte mehrmals neben die Nummer. Der Mann sollte etwas verdienen. Das würde ihn besänftigen. Als ich endlich traf, reichte er mir den Teddy.

Stefan streckte seine Arme nach ihm aus. Aber ich gab ihn Sylvia – die hatte ihn, meinte ich, verdient.

Nur weil der Stefan so traurige Augen bekam, schoss ich noch ein kleines Zebra ... dann trabten wir nach Hause.

Es ist aber doch Stefans Bär geworden! – Auf dem Heimweg gab Sylvia den Teddy ihrem Bruder und nahm sich das Zebra.

»Mir ist das Zebra lieber«, erklärte sie mir. »Über den Bären habe ich mich zu sehr aufgeregt!«

Ich eigentlich auch. Ich las daheim im Buch über repressionsfreie Erziehung, ob ich Stefan nun bestrafen sollte oder nicht. Klüger wurde ich aber dabei nicht.

Der Fernsehfilm wurde gesendet. Und ein Münchner Verleger machte vom ›Bären der Auer Dult‹ ein Bilderbuch mit wundervollen farbigen Bildern. Wenn ich es aufschlage, guckt mich der Bär an und ich bin zufrieden. Nur die Doktorin des Bayerischen Kinderfernsehens war damals unzufrieden mit mir. Nicht mit dem Film, nein, der gefiel ihr. Aber ich hätte den Regisseur nicht nur mit meinem Autorenhonorar abspeisen dürfen, denn Regisseure waren in einer Gewerkschaft organisiert. Schriftsteller nicht! Ihm hätte sie also mehr bezahlen müssen als mir. Sie erwartete daher Nachforderungen. Das war nun peinlich.

Na ja, eben fällt mir ein, dass ich später noch ein anderes Buch schrieb, in dem ein Bär eine Hauptrolle spielt. Es wurde nicht verfilmt, und das ist überhaupt eine andere Geschichte.

Aber es ist wahr, dass ich bisher nicht wusste, was für eine bedeutende Rolle Teddybären für mich gespielt haben.

Franz Josef Görtz

Behaglich brummt das Kuscheltier

Probleme machte nur der Teddybär. Er war damals zwölf Jahre alt, ein Geschenk der Patentante, und sollte in die Kiste mit dem ausgemusterten Kinderspielzeug. Doch in welche? Zu Ritterburg, Eisenbahn und Fußballstiefeln? Oder zu den Büchern, mit denen mein älterer Bruder mich versorgt hatte und denen man spätestens mit dreizehn entwachsen zu sein glaubt? Ritterburg und Eisenbahn sind Spielzeug. Damit soll die Zeit totschlagen, wer genug davon hat: So dachte ich und schmiedete Lebenspläne.

Seit ich zurückdenken kann, pflegte Tante Agnes aus gegebenem Anlass feierlich und mit sanftem Beben in der Stimme vorauszusagen: Jetzt fängt der Ernst des Lebens an! Am letzten Kindergartentag drohte sie damit, am ersten Tag in der Grundschule, vor dem Wechsel aufs Gymnasium, nach der ersten Tanzstunde und vor dem Abitur. Danach seufzte sie nur, wenn ich aus meinem Alltag plaudern sollte – den sie an Weihnachten und Ostern, an meinem und an ihrem eigenen Geburtstag geduldig abfragte wie die Lateinvokabeln: Was macht eigentlich der Junge von Wegeners, die Tochter von Böhms, der Vater von Paul, die Schwester von Annegret? Lebt der Spitz noch, der immer allen Uniformen nachgelaufen ist und den baumlangen Briefträger mit dem polnischen Namen einmal in die Ferse gebissen hat? Für die letzte Frage brauchte sie meist ein wenig Anlauf: Und dein Teddybär?

Unmöglich, ihn in solchen Augenblicken nicht zur Hand zu haben. Oder weißt du auch nicht, wo dein Bruder steckt? Also blieben die Kartons einige Wochen lang unverschlossen. Dann fand mein Bär, den wir zum Andenken an den gutmütigen Hund des Onkels Charlie genannt hatten, einen festen Platz auf dem Regal. Ein Teddy mit Knopf im Ohr übrigens, sagte die Tante von Zeit zu Zeit ganz gern. Also ein echter Bär. Sie sagte echter Bär, wie sie übrigens auch, weil die Nachkriegszeit zweifellos noch lange nicht vorüber war, gute Butter sagte. Wenn sie gute Butter sagte, seufzte Tante Agnes manchmal, aber ganz leise. Ein Teddy mit Knopf im Ohr ist zweifellos ein echter Bär. Einer, der vom richtigen Leben schon alles wusste, aber nichts darüber verraten wollte. Hat Tante Agnes das behauptet? Vermutlich. Charlie war schließlich kein Spielzeug, sondern ein Wesen mit unverwechselbar ausgeprägtem Charakter. Einen Bruder hatte ich schon, als ich auf die Welt kam. Sonst wäre wohl Charlie in diese Rolle geschlüpft.

An der Reifeprüfung nahm Charlie als Schlachtenbummler teil, aufrecht in der Aktentasche, und war fortan mein Maskottchen. Unseren schneeweißen Millecento, der an einem lauen Sommerabend auf der Autobahn zwischen Köln und Frankfurt in Flammen aufging, hat er überlebt, selbst die Studentenunruhen in Berlin und den allmählichen Eintritt ins Berufsleben. Seit dem vierten Umzug, von der Stadt aufs flache Land, ist Charlie verschwunden und nie mehr aufgetaucht, weder in der einen noch in irgendeiner anderen Kiste, geschweige denn auf dem Bücherregal oder im Aktenkoffer. Auch Teddybären haben ihre Schicksale. Und wer weiß denn, wie einem Kuscheltier zumute ist, das seine Tage wie seine Nächte mutterseelenallein verbringen muss?

Charlie war in seinen besten Jahren vielleicht 30 cm groß, dunkelblond, hatte ein weiches, auf Bauch und Rücken dünngestreicheltes Plüschfell, tief dunkelbraune Knopfaugen, eine schwarz gestickte Nase und Filzpfoten, mit denen man sich zärtlich über die eigene Backe fuhr, wenn einem danach zumute war. Alle Tiere, die etwas mit den Pfoten fassen können, können es auch mit dem Kopf: Affen also, Papageien und Biber. Behauptet Georg Christoph Lichtenberg, von dem ich damals natürlich noch nichts wusste. Bären können das auch, füge ich hinzu. Ich habe es selbst erlebt. Denn Besitzer solcher Bären wie Charlie sind mindestens zweimal am Tag, morgens vor der Schule und abends vor dem Einschlafen, selber sehr liebebedürftig.

Außerdem trug Charlie, in den ersten Jahren jedenfalls, fällt mir ein, eine auffällige rote Schleife – die ihm vielleicht die Tante um den Hals gebunden hatte. Gebrummt? Nein, gebrummt hat er nicht ein einziges Mal. Dann war er auch nicht 30 cm groß, sagt Jörg Junginger, der Leiter der Produktentwicklung im Hause Steiff in Giengen an der Brenz: ein leibhaftiger Großneffe, wenn nicht sogar ein Urgroßneffe der Firmengründerin Apollonia Margarete Steiff. Giengen ist die Heimstatt der echten Teddybären mit dem unübersehbaren Knopf im Ohr. Den Teddy aus dem Produktionsjahr 1949 gab es in acht verschiedenen Größen, sowohl in blonder und brauner wie in weißer Ausführung, teils mit Druckstimme, teils mit automatischer Brummstimme. Gebrummt haben sie, so der Fachmann, wenn sie wenigstens 25 cm groß waren. Darunter blieben sie ein Leben lang stumm. Sofern sie, der Fachmann zuckt bedauernd die Schultern, weil er ahnt, dass ein Kindertraum von nun an ganz anders geträumt werden muss, tatsächlich der Serie 12 angehörten und in den Jahren 1948 oder 1949 gefertigt waren, vielleicht sogar, zusätzlich zu Brustschild und Knopf im Ohr, am rechten Arm ein weißes Fähnchen trugen, auf dem vermerkt stand: Made in US-Zone Germany. Das sind, aus dem Blickwinkel der Sammler in aller Welt, die Raritäten.

Charlies Fähnchen war goldgelb und leider nicht aus Papier, sondern schon aus Leinengewebe. Den Namenszug des Herstellers auf dem Knopf sehe ich noch deutlich vor mir: in Großbuchstaben, ohne den langgezogenen Bogen unter dem letzten Buchstaben. Knöpfe mit diesem rasch aus der Mode geratenen Schlenker gelten als Trophäen. Sie stammen noch aus den Restbeständen der frühen vierziger Jahre. Für Bären mit derartigen Schmuckstücken greifen Sammler und Liebhaber gern tief in die Tasche. Ein Kerlchen wie Charlie, Jahrgang 1948, mit einem der ebenfalls seltenen blanken Knöpfe, stand auf der großen Teddy-, Steiff-Tier- und Spielzeugauktion in Mönchengladbach, von der in der Zeitung zu lesen stand, mit 500 Mark zu Gebot. Einer seiner vielen Ahnen, Jahrgang 1926, der es in ganzer Länge auf einen halben Meter brachte, sogar mit nicht weniger als 28 000 Mark.

Sammler wie der amerikanische Unternehmer Paul Volpp, so berichtete das Magazin der seit einigen Jahren im Steiff-Club organisierten Schmusetierliebhaber, zahlen ohne Murren auch schon einmal 150 000 Mark, wenn sie auf eine Antiquität aus den zwanziger Jahren treffen. Dagegen sei es vermutlich ein Japaner gewesen, wird in eingeweihten Kreisen gemunkelt, der vor nicht langer Zeit in London einen zimtfarbenen Steiff-Teddy von 1904 für reichlich mehr als eine Viertelmillion ersteigert hat.

Reden wir noch von der Gattung der Kinderkuscheltiere? Selbstverständlich. Doch die Bären und Biber, die Tiger und Löwen, die Pinguine und Papageien, Enten und Elefanten, so sagt Bernhard M. Rösner, der Geschäftsführer des Unternehmens mit Namen Margarete Steiff GmbH, sind nicht nur

Spielwaren, sondern herzallerliebste Pretiosen für erklärte Liebhaber und notorische Sammler – von denen es in den Vereinigten Staaten mehr als 5 000 gibt und in Deutschland, Österreich und der Schweiz mittlerweise um die 20 000. So schätzt Inge Zinnecker, die dem Steiff-Club vorsteht und seinen eingeschriebenen Mitgliedern zusammen mit der firmeneigenen Vierteljahrsschrift auch die neuesten Produktinformationen ins Haus schickt: den Katalog der Repliken zum Beispiel, mit denen man der seit den frühen achtziger Jahren sogar in dieser Branche deutlich spürbaren Vorliebe fürs Klassische, für die in unerreichbare Ferne entrückten Ikonen anderer Zeiten, nach Kräften Rechnung zu tragen sucht.

Gewiss ein Klassiker ist der Bär auf Rädern von 1905, der Mitte der neunziger Jahre verblüffend originalgetreu nachgekupfert und in 12 000 Exemplaren an den Handel ausgeliefert wurde. Oder die Filzpuppe »Ungar mit Pferd« aus dem Jahr 1912, die einige Kindergenerationen später zum Preis von fast 1 000 Mark abermals auf den Markt kam, in wesentlich geringerer Stückzahl allerdings, mit dem charakteristischen Etikett am Ohr und signiertem Zertifikat. Wenn schon nicht das Original, dann doch wenigstens eine autorisierte Kopie.

Der Baseballspieler von 1913 steht mit 625 Mark in der Preisliste, ein Teddybär von 1951, also einer von Charlies nachgeborenen Vettern, mit 569 und der Posaunist aus dem Jahr 1911 mit 749 Mark. Von ihm, einer Filzpuppe mit Stehvermögen, wurden fast 90 Jahre später noch einmal 1 200 Stück aufgelegt – nach den Schnitten von damals und aus den gleichen Materialien wie sein Vorbild. Weshalb man im Hause Steiff grundsätzlich von Repliken und am liebsten von Klassikern redet. Das klingt anspruchsvoll und will auch so verstanden werden.

Der liebenswürdigste Artikel aus dieser Classic-Edition ist beileibe kein Teddybär, sondern ein unansehnlicher Winzling von 8 cm Körpergröße. Er hat die Gestalt eines Elefanten und stammt ursprünglich aus dem Jahr 1880. Er war als Nadelkissen, Tintenwischer und Briefbeschwerer nützlich und wurde im ersten Steiff-Katalog von 1892 zu Preisen zwischen 75 Pfennigen und 2 Mark 80 angeboten: mal mit Häkelnadel, Schere und Fingerhut, mal auch mit Federhalter, Bleistifthalter und Falzmesser. Das »Elefäntle«, wie man in den Fertigungshallen des am Ostrand der Schwäbischen Alb gelegenen Unternehmens zu sagen pflegt, ist eine artige Verbeugung vor Margarete Steiff, der unsterblichen Prinzipalin der weltberühmten Plüschtiermanufaktur. Sie war es, die anno 1880 mit ihren anmutigen Filzelefanten, die sie nach Feierabend auf ihrer Nähmaschine schneiderte (der allerersten in Giengen übrigens), den Anfang machte: mit 8 Exemplaren im ersten Jahr, 600 im fünften und mehr als 5 000 im siebenten, alsbald vermehrt um Esel und Pferde, Schweine und Kamele. Mit denen zog Margaretes Bruder Fritz von Jahrmarkt zu Jahrmarkt und 1893 zum ersten Mal auch zur Messe nach Leipzig.

Den Durchbruch allerdings hat der Bär gebracht. Das war ein aufregend neues Spielzeug, nicht mehr aus glattem Filz, sondern aus zotteligem Mohair und mit drehbaren Gliedmaßen. Schon 1903, am Ende des ersten Produktionsjahrs, haben insgesamt 12 000 Teddys das Werk in Giengen verlassen, nicht viel später sind es fast eine Million. In wenigen Jahren ist die Belegschaft der »Ersten Filzspielwaren-Fabrik Deutschlands« auf 400 feste Kräfte und 1 800 Heimarbeiter gewachsen, die Familienfirma mit eigenen Lagern in Berlin und Hamburg, London und Paris schon zum Großunternehmen aufgestiegen und ihr Warenzeichen längst das unverwechselbare Signet einer Weltmarke.

Vom Ersten wie vom Zweiten Weltkrieg bleibt die schwäbische Provinz einigermaßen verschont. Es herrscht Mangel an

Fachpersonal, das Material geht zur Neige, Spielzeug ist nicht gefragt. Doch schon 1947 ist die Firma Steiff mit zehn Artikeln wieder auf der Leipziger Messe: mit Tieren und Puppen und dem Kindersportwagen vom Typ Corso 2870. Er wird dem Fachhandel nur in großen Partien verkauft: 100 Stück für 2400 Reichsmark – mit der Auflage, zusätzlich zweieinhalb Kubikmeter Laubschnittholz anzuliefern, ersatzweise 600 Kilogramm Eisen.

Behutsam wird in den nachfolgenden Jahrzehnten das Sortiment um Handpuppen und Holzspielzeug, Holzroller und Ballonroller, Tretautos und Traktoren erweitert. Denn die Produktion der exquisiten Plüschtiere mit dem Knopf im Ohr ist empfindlich unter Druck geraten, seit die in Massen importierte Billigware aus Asien den europäischen Markt überschwemmt. Steiff hat sich mit einer eigenen Billigfertigung unter Produktnamen wie »Steinhäuser« und »Allspiel« dagegen zu wehren versucht, ist freilich schnell wieder und mit beharrlichem Erfolg zu den Qualitätsprodukten zurückgekehrt. Der

Umsatz hat sich seit Beginn der achtziger Jahre nahezu verdoppelt, und den Rationalisierungsmaßnahmen zum Trotz sind es immer noch um die 1000 Arbeitsplätze, an denen nichts als Kuscheltiere zugeschnitten, genäht, gestopft, geformt, geföhnt, gebürstet und garniert werden.

Weil ich beim Besuch in Giengen und während des Rundgangs durch die Hallen voller Bewunderung und Respekt vor so viel professioneller Gründlichkeit und Präzision auch in den unauffälligsten Details wiederholt das Wörtchen Kunsthandwerk verwendet habe, erzählt die zur Erklärung der einzelnen Arbeitsabläufe mitgeschickte Pressechefin des Unternehmens nicht ohne Stolz, dass zu solchen Tätigkeiten wie dem Bürsten und Föhnen gern ausgebildete Friseurinnen eingesetzt werden. Dass sich jedes Steiff-Tier ferner, im Nürnberger Materialprüfungsamt, einem Sicherheitstest sowie einer Prüfung auf Gebrauchstauglichkeit und gesundheitliche Unbedenklichkeit unterzieht, sieht man ihm nicht an. Es geschieht freiwillig, doch die Geschäftsleitung legt demonstrativ größten Wert darauf. Sie setzt mit Nachdruck auf Qualität.

Ich will nicht verschweigen, an welchen Arbeitstischen ich am längsten zugeschaut habe. Das war dort, wo die aus einem Stück genähten Körperhüllen gewendet werden, so dass sich der kuschelige, wuschelige Pelz nach außen kehrt, alle Nähte und die aus Draht zurechtgebogenen Halterungen der Augen unsichtbar im Inneren verschwinden. Nach dem Stopfen mit Polyesterfasern, mit Rhombofill oder silikonisierten Hohlfasern (für die besonders weichen Exemplare der Gattung Cosy- oder Kuscheltiere) gewinnen die Igel und Enten, Robben und Raupen, Hasen und Marienkäfer auf einmal Konturen, entwickeln erstaunlich viel Persönlichkeit und sogar einen Charakter, der sie – nicht bloß in den Augen von Kindern – wahrhaftig unverwechselbar macht. Warum gibt man seinem allerliebsten Teddy sonst den Vornamen, den man sich vielleicht selbst gewünscht hätte, wenn man da schon hätte mitreden können, mitreden dürfen?

Dabei ist in Wahrheit schon die Bezeichnung Teddybär eine Zusammensetzung aus Vor- und Familienname. Sie tauchte, wenn man den Steiff-Legenden Glauben schenken darf, zum ersten Mal anno 1906 in den Vereinigten Staaten auf – und im Jahr 1908 erstmals in einem Steiff-Katalog. Da war ein Bärchen mit Strickbekleidung abgebildet, auf dessen Brust das Wort »Teddy-B« zu lesen stand. Für die Namensgebung, so heißt es, habe der amerikanische Präsident Theodore Roosevelt Pate gestanden, der ein bekennender Bärenliebhaber und ein nicht minder leidenschaftlicher Bärenjäger war. Man hat ihn übrigens später ganz förmlich um die Erlaubnis gebeten, sein Kosekürzel als Produktnamen verwenden zu dürfen. Natürlich hat er zugestimmt. Im Jahr 1992, zur Feier von Teddys neunzigstem Geburtstag, kam dann Tweed Roosevelt, der Urenkel des Präsidenten, nach Giengen und enthüllte vor den Werkstoren ein Teddy-Denkmal aus Bronze – um den Paten zu ehren und der Firmengründerin Respekt zu zollen.

Mein Charlie, um auf ihn noch einmal zurückzukommen, war kein Knuddeltier, sondern ein Raubein, das sich mit den Jahren immer spröder gab und immer eigensinniger wurde: durchaus anlehnungsbedürftig und allemal dankbar für Zuwendung und Zärtlichkeit, doch selbstbewusst genug, klaglos darauf zu verzichten, wenn sie ihm nicht geschenkt wurde. Gebettelt hätte Charlie darum niemals, jedenfalls kann ich mich daran nicht erinnern.

Dem Sprachgebrauch im Hause Steiff zufolge gehören Teddybären zu den gegliederten Tieren. Deren Kopf, Rumpf und Gliedmaßen werden einzeln gefertigt, separat (und manche von ihnen immer noch traditionell mit Holzwolle) gestopft, mit Gelenken versehen, von Hand zugenäht und mit einer langen Nadel endgültig in Form gebracht. Wer ein Make-up braucht wie die Affen zum Beispiel, muss anschließend in die Malerei, wo mit einem zarten Luftpinsel und ebenfalls von Hand Augenwinkel, Schnauze und Krallen gezeichnet werden.

Sage nun aber niemand, den Produktentwicklern in Giengen mangele es an Mut, die Kinderstuben auch solchen Lebewesen zu erschließen, die man wahrscheinlich erst auf den zweiten Blick richtig lieb gewinnen mag: Frösche und Schlangen, Ameisenbären und Krokodile, Bienen und Maulwürfe, Chamäleons und sogenannte Tintenfische. Von der Blattlaus, die vor vielen Jahren ein in Süddeutschland ansässiger Chemiekonzern in Auftrag gab, nicht zu reden. Auch diese Tiere, sagt Jörg Junginger, sind ein Teil unseres Ökosystems, und es wäre bedenklich, sie der kindlichen Wahrnehmung vorenthalten zu wollen. So denkt er übrigens nicht erst, seit seine Tochter sich eine Ratte hält und seine Söhne zwei Pythons als Hausgenossen adoptiert haben. Der Chefdesigner der Steiff-Produktion, ohne Frage, versteht sich auf Tiere – und auf Teddybären ganz besonders. Die kennt er alle und erkennt sie alle wieder, wenn sie tatsächlich aus Giengen stammen. Wie er das macht, verrät er nach einem schnellen Seufzer: »Ich schaue ihnen in die Augen.«

Ersparen wir uns die Sentimentalitäten. Meinem »Glücksbringer Kaminfeger«, weiß mit schwarzem Frack und Zylinder, kann ich nur in die Augen schauen, wenn ich ihn aufs Regal hebe – an die Stelle, wo Charlie auch am liebsten gesessen hat. Und knuddeln kann ich ihn auch nicht. Denn er ist nur 13 cm groß und wurde zum Jahrtausendwechsel in einer limitierten Auflage von 300 Stück produziert. Darum hat er den Geschenkkarton bis heute nicht ein einziges Mal verlassen dürfen.

Monika Osberghaus

Bääär! Denn Bären machen Kinder glücklich

Wenn der Kinderbuchillustrator Wolf Erlbruch aus seinen Bilderbüchern vorliest, dann nimmt er dazu einen Overhead-Projektor zu Hilfe, auf dem er während des Lesens mit einem Filzstift die Geschichte zeichnet. Als er einmal im Frankfurter Literaturhaus zu Gast war, stellte er sein Bilderbuch ›Das Bärenwunder‹ vor, eine schlichte Liebesgeschichte zwischen zwei Bären, die am Schluss ein kleines Bärenkind bekommen. Der Saal war völlig überfüllt, so dass die kleineren Kinder vorne auf dem Fußboden direkt vor der Leinwand saßen. Viele unruhige Zweijährige saßen dabei, für die Erlbruchs Geschichte eigentlich noch nicht verständlich gewesen wäre – hätte er nicht zu zeichnen begonnen. Da wurden sie still und legten die Köpfe in den Nacken. Die schwarze Linie auf der Leinwand strichelte irgendwo los, an einem Ohrzipfel vielleicht. Lange Zeit erkannte man nicht, dass es ein Bär werden sollte. Plötzlich, mit einem winzigen Detail, vielleicht war es der charakteristische Nackenbuckel, kam die Wendung; und genau in dem Moment, in dem man dachte: »Ah! Das ist ein …«, rief eines der Kleinkinder mit heller Stimme laut und begeistert in den Saal: »Bääär!«

Bären machen Kinder glücklich. Warum ist das so? Warum braucht seit der Erfindung des Teddybären jedes Kind einen für sich persönlich? Woran liegt es, dass Kinder ausgerechnet von diesem eigenbrötlerischen und gar nicht kinderfreundlichen wilden Tier fasziniert sind? Antworten auf diese Fragen stehen zum Teil auch in den Geschichten, die Kindern etwas von Bären erzählen. Denn diese Geschichten statten das Tier mit der Gestalt, dem Innenleben und der Wirkung aus, die Kinder mit der Gesamtvorstellung »Bär« verbinden. Dies ist dann allerdings nicht nur die Vorstellung der Kinder. Da die Autoren von Kinderliteratur meistens Erwachsene sind, finden wir in den Bärenbüchern immer auch die Wünsche der Erwachsenen verzeichnet – ihre Wünsche für die Kinder, die mit den Geschichten bestimmte Erfahrungen machen sollen, und ihre Wünsche für sich selber.

Einst waren die Bären stark und groß

In den alten Märchen hat der Bär noch am ehesten seine natürliche Gestalt; dort ist er das wilde Waldtier, das meist auf allen vieren läuft, in Höhlen haust und menschenscheu ist. Überdies gilt er als stark und gefährlich, er ist das mächtigste Tier im Wald, das keine natürlichen Feinde hat. In vielen mittel- und nordeuropäischen Volkssagen und Märchen spielt daher die Bärenjagd eine wichtige Rolle. Oft wird vom Helden der Geschichte die Überlistung oder Erlegung eines Bären als Mutprobe verlangt. Das tapfere Schneiderlein kann seinen Weg erst fortsetzen, als es mit List einen Bären gefangen hat, und in vielen Märchen gehört eine erfolgreich verbrachte Nacht im Bärenzwinger zu den Aufgaben, die ein Freier bewältigen muss, der um die Hand der Königstochter wirbt. Die Begegnung zwischen Mensch und Bär ist also mit Gefahr, Kampf und Bewährung verbunden. Zugleich aber sehen unzählige Mythen den Bären in Gemeinschaft und Verwandtschaft mit dem Menschen: sei es, dass er von ihnen abstammt, sich mit einem Menschen vereinigt – in vielen Märchen wird auf die große äußerliche Ähnlichkeit zwischen Mensch und Bär verwiesen – oder selbst ein verzauberter Mensch ist. Ein Mensch, der mit Bärenmilch aufgezogen wurde, wird stark, wie auch der Pelz und die Klauen des Bären besondere, oft zauberische Kräfte verleihen. Der Bär ist also trotz seiner Gefährlichkeit und Wildheit oder auch gerade durch diese Eigenschaften ein Kraftspender, Retter und Helfer. Und der Bär ist viril; er nähert sich den Menschenfrauen als Mann und zeugt mit ihnen ein Kind, das als »Bärensohn« in vielen Märchen auftaucht.

In dem Märchen ›Schneeweißchen und Rosenrot‹ der Brüder Grimm können wir den Bären in dieser changierenden Mischung erleben: Ein Furcht erregender dunkler Geselle kommt da eines Abends in die bescheidene Hütte einer alleinerziehenden Mutter mit zwei Töchtern und bittet um einen warmen Platz am Feuer. Die beiden Mädchen, die sich schnell an ihn gewöhnen, balgen nach Herzenslust mit ihm herum und zausen ihm den Pelz, bis er einen rätselhaften Vers brummt: »Schneeweißchen, Rosenrot, schlägst dir den Freier tot.« Ein dunkles Geheimnis scheint um ihn zu sein. Unter seinem weichen Pelz sieht Schneeweißchen manchmal Gold hervorblinken. Und tatsächlich ist er in Wirklichkeit ein verzauberter Prinz; er muss nur eines Tages seinen Erzfeind töten, um wieder zum Königssohn zu werden und Schneeweißchen zur Frau nehmen zu können.

Hier ist der Bär in all seinen Märchenrollen gleichzeitig zu sehen: als wohlig brummender Freund und Beschützer, mit

dem man schön balgen und kuscheln kann, als einsamer, gefährlicher Rächer und Retter, und schließlich als verzauberter Prinz, der zum Freier wird. Wie in vielen anderen Märchen überwiegt auch in diesem die dunkle, gefährliche, kraftvolle Seite des Bären. Doch wem er wohlgesonnen ist, der muss sich vor ihm nicht fürchten – denn unter dem Pelz schimmert das Gold.

Diese ausgewogene, geradezu ganzheitliche Persönlichkeitsstruktur, die natürlich ein Leben in Freiheit zur Voraussetzung hat, ist dem Bären allerdings anscheinend nur im Märchen vergönnt. Der nächste große Auftritt des Bären in einem Kinderbuch findet im Weltraum statt. Im Jahr 1911 erschien Gerdt von Bassewitz' ›Peterchens Mondfahrt‹. Dort dient der Große Bär den beiden Kindern Peter und Anneliese als Verkehrsmittel zum Mond. Er trägt noch alle Anzeichen des archaischen Bären der Märchenwelt, überdies in der galaktischen Vergrößerung, die einem Sternzeichen zukommt: »Ein riesengroßes Ungetüm war dieser Bär. Schneeweiß war sein Fell und dick und zottelig. Er war größer als der größte Elefant, und wenn er brummte, klang es beinahe wie das Bullern vom Donnermann. So stand er mitten im Saal, brummte und glotzte böse mit leuchtend grünen Augen umher.« Doch so wild er sich auch aufführt, er ist schon ein Gefangener. Er lebt im Bärenstall und wird mit ein paar Leckerbissen aus der Hand der Kinder rasch gefügig gemacht. Auch hier genießen die beiden kindlichen Helden eine gewisse Angstlust im Zusammensein mit dem bedrohlichen, starken Bären, der sie beschützt und auf seinem Rücken trägt, den Kometen aber mühelos in die Flucht schlägt, indem er nur einmal kurz die Zähne zeigt und ein bisschen brüllt. Dieser Bär ist groß, stark und gefährlich, und er hilft ihnen. Aber er tut das nicht mehr wie der Bär im Märchen aus eigener Entscheidung. Er ist schon halb domestiziert.

Hoppla – wir kommen!

Mit der Erfindung des Teddybären im Jahr 1906 zog der Bär endgültig ins Haus und gesellte sich zu den Puppen und Zinnsoldaten im Kinderzimmer. Ein Teddybär lebt nicht im Wald, es sei denn, es gibt in der Nähe ein Kind, das ihm bei allen auftauchenden Problemen zur Seite steht – und dass viele Probleme auftauchen, das wissen wir aus der berühmtesten Teddybärengeschichte von allen, aus Alexander A. Milnes ›Pu der Bär‹. Wie aber ist der Bär überhaupt ins Kinderzimmer gekommen? Wie konnte er vom Brummbär aus Fleisch und Blut zum Teddybären aus Plüsch und Holzspänen werden – klein, steif, mit Scheibengelenken und Glasaugen? Von dieser Verwandlung erzählen Fritz Koch-Gotha (der Erfinder der berühmten ›Häschenschule‹) und Walter Andreas in ihrem 1924 erschienenen Bilderbuch ›Hoppla – wir kommen!‹.

Ihrer Version zufolge handelt es sich bei der Ankunft der Bären im Kinderzimmer um einen Sündenfall. Drei Bärenkinder schlecken heimlich Honig aus den Töpfen eines Hexenmeisters, bei dem sie in Diensten stehen – auch sie sind also schon nicht mehr in Freiheit. Als der Hexenmeister die Untat bemerkt, packt er sie, »nimmt den Zauberstab vom Tisch, schrumm – die Fellchen sind aus – Plüsch!« und verbannt sie auf die Erde, wo sie bis zum nächsten Morgen um sechs Uhr den Honig wieder herbeischaffen sollen. Ein eindrucksvolles Nachtbild zeigt die drei Bären, wie sie hintereinander kopfüber vom schwarzen Sternenhimmel hinunter in einen Kamin purzeln – die steifen Ärmchen Hilfe suchend nacheinander ausgestreckt, als wollten sie sich umarmen. Natürlich endet der Kaminschacht in einem Kinderzimmer, wo sie rußverschmiert vor den erstaunten Augen der Puppen, Kasperles und Spieltiere aus der Feuerstelle krabbeln. An dieser Stelle lernen wir eine weitere Eigenschaft der Bären kennen, die schon in den alten Märchen immer wieder einmal eine Rolle spielte. Bei Koch-Gotha wird sie nun, da die Bären klein und kindlich werden, zum vorherrschenden Charakteristikum: ihr auffälliger Mangel an Verstand. Sie vergessen vor Aufregung über all das Neue und vor lauter Spaß am Spielen das Ultimatum, das ihnen der Hexenmeister gestellt hat. Deshalb müssen sie nun für immer als Teddybären auf Erden bleiben. Und darüber ärgern sie sich noch nicht einmal. Ihr Spieltrieb, ihre Genusssucht, die sie dazu treibt, vom Honig zu naschen, ihre Neugierde und ihre Unbekümmertheit sind konstitutiv für ihre Anwesenheit im Kinderleben, so die heitere Botschaft der Geschichte.

Schaut man sich die berühmten Bären der Kinderliteratur an,

dann findet man tatsächlich diese Neigungen bei allen recht ausgeprägt vor. Nicht zufällig sind es Neigungen, denen auch Kinder gerne nachgehen. Auf diese Weise wird der Teddy zur idealen Projektionsfläche für ein Kind – Spielgefährte, Stellvertreter und Spiegelbild in einem. Es entsteht eine persönliche Beziehung. Auch daran hat Fritz Koch-Gotha gedacht, als er gleich drei Bären auf einmal vom Himmel fallen ließ – denn in dem Haus, in dem sie landen, wohnen drei Kinder.

Darüber hinaus macht Koch-Gothas Ursprungsgeschichte noch einen anderen Aspekt sichtbar. In ihr lässt der Hexenmeister die lebendigen kleinen Bären gleichsam zu Teddys versteifen; nun sind sie in ihrem Spielzeugkörper eingesperrt und können niemals erwachsen werden – der Teddy als die Verkörperung der ewigen Kindheit.

»War ich das?«, sagte Christopher Robin

Die innigste Verbindung zwischen einem Teddybär und einem Kind beschreibt Alexander A. Milne in seinem 1926 erschienenen Buch ›Pu der Bär‹. Er hatte eine reale Vorlage: seinen Sohn Christopher Robin, der sich mit seinem Teddy »Winnie-der-Pu« und anderen Plüschtieren eine eigene Welt zusammenspielte. Für Kinder ist die Lektüre von ›Pu der Bär‹ nicht einfach, unter anderem, weil Milne die Geschichte genau so erzählt, wie Kinder sie gerne spielen, aber niemals lesen würden: im häufigen Wechsel der Erzählebenen. Was im Spiel reibungslos möglich ist – der Übergang von einer gespielten Szene zum Gespräch oder zur Reflexion über diese Szene –, irritiert Kinder in einem geschriebenen Text und hindert sie daran, sich in die Geschichte hineinzuversetzen. Das berühmteste Bären-Kinderbuch der Welt wird daher viel mehr von Erwachsenen verehrt als von Kindern in Christopher Robins (Vorschul-)Alter. Wer die Lesehürde jedoch nimmt, erlebt eine innige, symbiotische Liebesbeziehung zwischen Christopher Robin und Pu mit. Der Bär spielt darin die kindliche Rolle. Ständig tapst er in prekäre Situationen, aus denen Christopher Robin ihn wieder erlösen muss. Pu hat die Weltsicht eines Kindes. Für ihn haben alle Dinge eine Seele, er bezieht alle Ereignisse direkt auf sich, und er erklärt sich die Phänomene der Welt so lange mit seiner eigenen Logik, bis alles gut zu *seinem* Verstand passt. Christopher Robin nutzt das aus, um auf Pu zu verweisen, wenn er selber etwas nicht verstanden hat: »Winnie-der-Pu wollte es nur genauer wissen«, begründet er etwa eine eigene Nachfrage. Dadurch, dass Pu die kindliche Position einnimmt, wird der Junge selber zur Autoritätsperson. Christopher Robin ist der Retter, Vater und Held, der König des Waldes. Lächelnd schlendert er herbei, wenn im Wald mal wieder eine dieser vielen kleinen, harmlosen Katastrophen passiert ist, und bringt die Sache mit einem erlösenden Satz oder einem Handgriff wieder in Ordnung.

Was diese Geschichte für Kinder etwas unzugänglich macht, ist zugleich ihre Besonderheit: die Beziehung zwischen Teddybär und Kind wird immer wieder thematisiert. Die Identifikation mit dem Teddy, die Projektion eigener Schwächen und Bedürfnisse auf ihn, die Selbsterhöhung, die er erlaubt: Alles liegt offen an der Oberfläche und wird auf – vermeintlich – kindliche Weise besprochen und verhandelt. In einem wehmütigen Abschiedsdialog mit Pu spricht Christopher Robin schließlich noch die Rolle des Teddybären als Bewahrer ewiger Kindheit an. Christopher Robin wird wachsen und weiterziehen, er wird aufhören zu spielen. Pu aber wird ewig der »dumme alte Bär« bleiben. Dies alles erklärt Christopher Robin dem Bären in stotternden, vagen Worten und bittet ihn inständig um Verständnis für diesen Vorgang, den er selber nur erahnt. Er legt ihm seine Kindheit in die Pfoten. »Pu, *versprich* mir, dass du mich nie vergisst. Nicht mal, wenn ich hundert bin.« Pu versteht nichts und verspricht alles. Gerade weil er nichts versteht, wird er sein Versprechen halten. Er und die Leser vieler Generationen.

Der Bär, auf den es ankommt

Teddybären haben keine Zähne. Mit Pu ist ein vollkommen ungefährlicher Vertreter der Bärengattung in der Kinderliteratur aufgetaucht. Dennoch ist er nicht harmlos. Dazu hat er einen zu festen Charakter. Allerdings werden ihm Hunderte von harmlosen Teddys in die Kinderbuchwelt folgen. Und da keiner von ihnen auch nur annähernd Pus persönliche und literarische Qualitäten erreichen wird, ist es ratsam, sich vor der süßen Invasion mit dem zweiten starken Bärencharakter der britischen Kinderliteratur bekannt zu machen, mit Michael Bonds ›Paddington‹ (der erste von elf Bänden erschien 1959). Als Bär ist Paddington ein Sonderfall: kein Teddy, sondern ein etwa kniehoher echter kleiner Braunbär, der aufrecht geht und sprechen, lesen und schreiben kann. Er kommt als blinder Passagier aus dem finstersten Peru nach England und findet Unterschlupf bei der Familie Brown in London. Da man sich auf dem Londoner U-Bahnhof Paddington Station kennen gelernt hat, wird der Bär kurzerhand nach dieser Bahnstation genannt.

Wie Pu schlüpft auch Paddington in die Rolle des Kindes; er baut diese sogar noch aus. Als Fremdling und als Bär muss er die britische Lebensart gleich von zwei Startpunkten aus erlernen; entsprechend häufig steht er vor ungewohnten Situationen im Alltag, die ihn zum Improvisieren zwingen. Er stapft also von einem Fettnäpfchen ins nächste, verursacht auf Schritt und Tritt das fröhlichste Chaos und bringt es anschließend – meistens eher zufällig – wieder in Ordnung. Unter dieser komischen Oberfläche seiner Eskapaden haben wir es aber bei Paddington mit einem ernsthaften und selbstbewussten Bären zu tun, der klare Prinzipien hat. Wenn sein Ehrgefühl oder sein Gerechtigkeitsempfinden verletzt wird, dann setzt er seinen berühmten »wilden Bärenblick« auf, den er für Notfälle immer auf Lager hat. Schon dieser Blick lässt seine Adressaten in der Regel erzittern. Paddington setzt nie körperliche Gewalt ein, aber er weiß sich Respekt zu verschaffen. Außerdem ist er recht eigenständig und dickköpfig, pflegt seine Außenkontakte und kommt auch mal eine Weile ohne die Familie Brown zurecht. Davon abgesehen zeichnet er sich genau wie Pu und viele andere Bären in Büchern durch ausgeprägte Esslust, rückhaltlose Neugierde und die Neigung aus, alle Ereignisse auf sich zu beziehen. Als eifriger Tagebuchschreiber liebt er Geschichten, in denen er selbst vorkommt – auch das hat er mit anderen Bären in Büchern sowie mit Kindern gemeinsam. Verglichen mit Pu ist Paddington das konkretere Identifikationsangebot für kindliche Leser. Er steht im Tageslicht vor uns und nimmt am Alltagsleben teil, während Pu und seine Freunde in golden flirrender Waldeinsamkeit ihren weltfremden Tätigkeiten nachgehen.

Paddington ist in das Leben der Menschen hineinmarschiert, Pu muss dagegen im Wald auf einen Besuch von Christopher Robin warten.

Zu diesen verschiedenen Positionen in ihren Geschichten haben die beiden Bären die jeweils passenden äußeren Voraussetzungen: Paddington erscheint als »echter« kleiner Braunbär, was ihm auch körperliche Selbständigkeit verleiht. Pu dagegen kann in der Wirklichkeit der Rahmenhandlung nur fremdbewegt werden, und die Art, wie Christopher Robin ihn an einem Bein hinter sich herzieht und die Treppe hinunterpoltern lässt, sagt alles über das eigentliche Machtverhältnis zwischen den beiden. Während Pu der erste von vielen Bären im Kinderbuch ist, die ihre gefährlichen Tierkräfte verloren haben, ist Paddington, wenn auch schon verkleinert, einer der letzten beseelten Bären, die noch beißen könnten, wenn sie wollten.

Die Invasion der kleinen Bären

Überschaut man die Kinderbuchneuerscheinungen während der letzten 25 Jahre, so fällt auf, dass die Bücher, in denen Bären eine Hauptrolle spielen, in der Regel im Bilderbuchregal zu finden sind. Die Zielgruppe für Bärengeschichten ist deutlich jünger geworden. Dasselbe gilt auch für die Bären in den Geschichten selbst. Kaum ein Bilderbuch erzählt mehr von einem einzelnen ausgewachsenen Bären. Die beliebtesten Bärengeschichten handeln von kleinen Bärenkindern. Stellvertretend für alle anderen sei hier nur auf zwei Dauer-Bestseller verwiesen, Hans de Beers Serie um den ›Kleinen Eisbär‹, und auf Martin Waddells ›Kannst du nicht schlafen, kleiner Bär?‹. Mit diesen beiden Titeln ist auch das inhaltliche und künstlerische Spektrum des Gesamtangebotes gut repräsentiert: Lars, der kleine Eisbär, ist ein niedlicher, neugieriger, kleiner weißer Wuschel, der immer wieder alleine auf Abenteuer ausgeht und dabei einen Freund findet oder jemanden aus einer Notlage rettet. Er selbst gerät auch ein wenig in Gefahr, trifft aber am Ende stets wohlbehalten wieder bei seinen besorgten und liebevollen Eltern ein. Die Bilder sind großflächig und klar strukturiert, in leicht ins Pastell gehenden, leuchtenden Farben.

Martin Waddell hat mit ›Kannst du nicht schlafen, kleiner Bär?‹ ein warmherziges Einschlafbilderbuch geschaffen. Ein kleiner Braunbär hat im Bett Angst vor der Dunkelheit und kommt deshalb immer wieder zu seinem Vater. Liebevoll geht der auf alle Wünsche des Kleinen ein. Die Bilder sind an den Rändern abgerundet und werden außen von nachtblauer Dunkelheit umgeben, so dass jede Seite wie eine Höhle wirkt. Warm leuchtende Aquarellfarben schaffen eine wohlige Atmosphäre. Das zufriedene Gesicht des kleinen Bären, der schließlich in den Armen seines Vaters einschläft, ist ein Inbild des Geborgenseins.

Die Bären sind kleiner und vor allem erbärmlich harmlos geworden. Wie um dies auszugleichen, ist das Angebot an Büchern, die von ihnen handeln, explosionsartig gewachsen. Allein seit 1990 wurden in der Bibliothek des Frankfurter Institutes für Jugendbuchforschung mehr als 240 Neuerscheinungen mit dem Schlagwort »Protagonist Bär« registriert. Auch wenn sich einzelne überzeugende Titel in dieser Masse finden, muss man insgesamt feststellen, dass die Bären im Kinderbuch nach der Gefährlichkeit auch ihre Eigenständigkeit aufgegeben haben und ins Niedlichkeitsfach abgewandert sind. In der Regel sind es nicht mehr Figuren mit Persönlichkeit, sondern nur noch Vehikel für den Gebrauchswert, den ihre Geschichte haben soll.

Dafür gibt es zwei Gründe. Der erste hängt mit der historischen Entwicklung der Kinderliteratur zusammen. Im Zuge der antiautoritären Bewegung entstand in der Zeit nach 1970 eine strikt realistische Kinder- und Jugendliteratur. Tiererzählungen galten als rückständig und reaktionär. Die Kinder sollten sich nicht in Fantasiewelten flüchten können, sondern ihre

Fantasie für die Verbesserung der Welt einsetzen. Dafür brauchten sie realistische Vorbilder. Ein beseeltes Tier mit einem menschlichen Charakter passte nicht in diesen Trend. Allenfalls Geschichten, die den Tierschutz thematisierten, waren akzeptabel. Eine ernsthafte Bärengeschichte hatte es in dieser Zeit schwer, sich auf dem Markt durchzusetzen.

Die wenigen, die sich trotzdem behaupteten, sind von besonderer Konsistenz und Tiefe. Peter Hacks' Erzählung ›Der Bär auf dem Försterball‹ wäre hier zu nennen, die 1972 mit den Bildern von Walter Schmögner als Bilderbuch herauskam. Schon die erste Äußerung des Bären macht klar, dass wir es hier mit einem unterschwellig gefährlichen Wesen zu tun haben: »›Brumm‹, sagte der Bär, und sein Bass war so tief wie die Schlucht am Weg, in die die Omnibusse fallen.« Aber auch ›Der Bär, der ein Bär bleiben wollte‹ von Jörg Müller und Jörg Steiner rehabilitiert den Bären, befreit ihn aus dem Zugriff der Menschen, die ihn zu einem der Ihren ummodeln wollen. Der Bär wirkt in dieser melancholischen Geschichte ernst und groß. Ernst und klein ist dagegen ›Der kleine Bär‹ von Else Holmelund Minarik mit den Bildern von Maurice Sendak: Hier erlebt der Leser Alltagsepisoden eines kleinen Bären, der in absoluter, inniger Symbiose mit seiner Mutter Kind sein kann. Es ist das pure Idyll, aber es ist nichts Süßliches darin. Dankenswerterweise hat der Sauerländer Verlag diese Serie durch die Jahre immer im Programm behalten.

Verlegerischer Mut gehörte auch dazu, im Jahr 1978 Janoschs ›Oh, wie schön ist Panama‹ herauszubringen. Das beschauliche Leben des kleinen Tigers und des kleinen Bären ist auf den ersten Blick gar nicht so gesellschaftskritisch zu deuten, wie es damals einem progressiven Kinderbuchprogramm wie Beltz & Gelberg wohl anstand. Dass die Panama-Bücher inzwischen Klassikerstatus erreicht haben, zeigt aber, wie viel subversive Kraft in den beiden Tieren steckt. Zwar sind Umgebung und Figurenkonstellation ganz ähnlich wie in vielen belanglosen Bärenbilderbüchern, doch zugleich sind die beiden Freunde unverwechselbare Charaktere, und der Erzählton ist in seiner Mischung aus Märchenelementen und Flapsigkeit stark und frisch.

Vielleicht hat der außerordentliche und anhaltende Erfolg von Janoschs Panama-Büchern zu dem Bären-Roll-Back beigetragen, der ab Mitte der achtziger Jahre über die Buchhandlungen hereinbrach und im Moment auf einem vorläufigen Höhepunkt zu sein scheint. In jedem Fall – und dies ist der zweite Grund für die Bäreninvasion – ist das Bedürfnis nach einer beruhigenden, idyllischen, sorglosen Bilderbuchwelt, in der liebenswerte Wesen harmlose Abenteuer erleben, so stark wie nie. Dass es sich bei diesen Wesen so häufig um kleine Bären handelt, kann nicht allein mit ihrer streichelfreundlichen Kuscheligkeit zu tun haben. Sie verkörpern das Gefühl, die Gefahr von außen zu beherrschen und in verkleinerter Form in den Armen zu halten – und zugleich einen Freund an seiner Seite zu wissen, der eigentlich – in Wirklichkeit – stark und groß ist.

Vielleicht reicht es aber auch bald mit dem Rückzug in die kuschelige Sicherheit und man kann sich wieder mehr zutrauen. Ein neues Bilderbuch von Dolf Verroen und Wolf Erlbruch macht einen interessanten ersten Schritt: ›Der Bär auf dem Spielplatz‹ ist kein Bär wie die anderen. Groß und grimmig nimmt er den Spielplatz in Besitz, drängt die fassungslosen Kinder von den Geräten, frisst das ganze Eis und führt sich überhaupt auf wie ein Rowdy. Nachdem sie sich vom ersten Schreck erholt haben, verbünden sich die Kinder gegen ihn und lassen ihn von der Wippe herunterknallen. Anschließend verhandeln sie mit ihm über die gemeinsame Nutzung des Spielplatzes – beide Seiten gehen einen Kompromiss ein, beide Seiten haben Vorteile von der neuen Regelung. Hier wird der Bär so gesehen, wie er ist – gefährlich, groß, gierig –, aber die Kinder finden einen Weg, mit ihm umzugehen und ihn sogar als Beschützer zu verpflichten. Die Bären im Kinderbuch sind offenbar noch lange nicht ausgestorben.

Ludwig Bechstein

Das Nusszweiglein

Es war einmal ein reicher Kaufmann, der musste in seinen Geschäften in fremde Länder reisen. Da er nun Abschied nahm, sprach er zu seinen drei Töchtern: »Liebe Töchter, ich möchte euch gerne bei meiner Rückkehr eine Freude bereiten, sagt mir daher, was ich euch mitbringen soll?« Die Älteste sprach: »Lieber Vater, mir eine schöne Perlenhalskette!« Die andere sprach: »Ich wünschte mir einen Fingerring mit einem Demantstein.« Die Jüngste schmiegte sich an des Vaters Herz und flüsterte: »Mir ein schönes grünes Nusszweiglein, Väterchen.« – »Gut, meine lieben Töchter!«, sprach der Kaufmann, »ich will mir's merken, und dann lebet wohl!«

Weit fort reisete der Kaufmann und machte große Einkäufe, gedachte aber auch treulich der Wünsche seiner Töchter. Eine kostbare Perlenkette hatte er bereits in seinen Reisekoffer gepackt, um seine Älteste damit zu erfreuen, und einen gleich wertvollen Demantring hatte er für die mittlere Tochter eingekauft. Einen grünen Nusszweig aber konnte er nirgends gewahren, wie er sich auch darum bemühte. Auf der Heimreise ging er deshalb große Strecken zu Fuß und hoffte, da sein Weg ihn vielfach durch Wälder führte, endlich einen Nussbaum anzutreffen.

Das war lange vergeblich, und der gute Vater fing an betrübt zu werden, weil er die harmlose Bitte seines jüngsten und liebsten Kindes nicht zu erfüllen vermochte.

Endlich, als er so betrübt seines Weges dahinzog, der ihn just durch einen dunklen Wald und an dichtem Gebüsch vorüberführte, stieß er mit seinem Hut an einen Zweig, und es raschel-

te, als fielen Schlossen darauf. Wie er aufsah, war's ein schöner grüner Nusszweig, daran eine Traube goldener Nüsse hing. Da war der Mann sehr erfreut, langte mit der Hand empor und brach den herrlichen Zweig ab. Aber in demselben Augenblick schoss ein wilder Bär aus dem Dickicht und stellte sich grimmig brummend auf die Hintertatzen, als wollte er den Kaufmann gleich zerreißen. Und mit furchtbarer Stimme brüllte er: »Warum hast du meinen Nusszweig abgebrochen, du? Warum? Ich werde dich auffressen.«

Bebend vor Schreck und zitternd sprach der Kaufmann: »O lieber Bär, friss mich nicht, lass mich mit dem Nusszweiglein meines Weges ziehen; ich will dir einen großen Schinken und viele Würste dafür geben!«

Aber der Bär brüllte wieder: »Behalte deinen Schinken und deine Würste! Nur wenn du mir versprichst, mir das zu geben, was dir zu Hause am ersten begegnet, so will ich dich nicht fressen.« Dies ging der Kaufmann gerne ein, denn er gedachte, wie sein Pudel gewöhnlich ihm entgegenlaufe, und diesen wollte er, um sich das Leben zu retten, gerne opfern. Nach derbem Handschlag tappte der Bär ruhig ins Dickicht zurück; und der Kaufmann schritt aufatmend rasch und fröhlich von dannen.

Der goldene Nusszweig prangte herrlich am Hut des Kaufmanns, als er seiner Heimat zueilte. Freudig hüpfte das jüngste Mägdlein ihrem lieben Vater entgegen; mit tollen Sprüngen kam der Pudel hinterdrein, und die ältesten Töchter und die Mutter schritten etwas weniger schnell aus der Haustür, um den Ankommenden zu begrüßen. Wie erschrak nun der Kaufmann, als seine jüngste Tochter die Erste war, die ihm entgegenflog! Bekümmert und betrübt entzog er sich der Umarmung des glücklichen Kindes und teilte nach den ersten Grüßen den Seinigen mit, was ihm mit dem Nusszweig widerfahren war. Da weinten nun alle und wurden betrübt, doch zeigte die jüngste Tochter den meisten Mut und nahm sich vor, des Vaters Versprechen zu erfüllen. Auch ersann die Mutter bald einen guten Rat und sprach: »Ängstigen wir uns nicht, meine Lieben, sollte ja der Bär kommen und dich, mein lieber Mann, an dein Versprechen erinnern, so geben wir ihm, anstatt unserer Jüngsten, die Hirtentochter, mit der wird er auch zufrieden sein.« Dieser Vorschlag galt und die Töchter waren wieder fröhlich und freuten sich recht über diese schönen Geschenke.

Die Jüngste trug ihren Nusszweig immer bei sich; sie dachte bald gar nicht mehr an den Bären und an das Versprechen ihres Vaters.

Aber eines Tages rasselte ein dunkler Wagen durch die Straße vor das Haus des Kaufmanns, und der hässliche Bär stieg heraus und trat brummend in das Haus und vor den erschrockenen Mann, die Erfüllung seines Versprechens begehrend. Schnell und heimlich wurde die Hirtentochter, die sehr hässlich war, herbeigeholt, schön geputzt und in den Wagen des Bären gesetzt. Und die Reise ging fort. Draußen legte der Bär sein wildes zotteliges Haupt auf den Schoß der Hirtin und brummte:

»Kraue mich, krabble mich
Hinter den Ohren zart und fein,
Oder ich fress' dich mit Haut und Bein!«

Und das Mädchen fing an zu krabbeln; aber sie machte es dem Bären nicht recht, und er merkte, dass er betrogen wurde; da wollte er die geputzte Hirtin fressen, doch diese sprang rasch in ihrer Todesangst aus dem Wagen.

Darauf fuhr der Bär abermals vor das Haus des Kaufmanns und forderte furchtbar drohend die rechte Braut. So musste denn das liebliche Mägdlein herbei, um nach schwerem bitterm Abschied mit dem hässlichen Bräutigam fortzufahren. Draußen brummte er wieder, seinen rauen Kopf auf des Mädchens Schoß legend:

»Kraue mich, krabble mich
Hinter den Ohren zart und fein,
Oder ich fress' dich mit Haut und Bein!«

Und das Mädchen krabbelte, und so sanft, dass es ihm behagte und sein furchtbarer Bärenblick freundlich wurde, bis allmählich die arme Bärenbraut einiges Vertrauen zu ihm gewann. Die Reise dauerte nicht gar lange, denn der Wagen fuhr ungeheuer schnell, als brause ein Sturmwind durch die Luft. Bald kamen sie in einen sehr dunklen Wald, und dort hielt plötzlich der Wagen vor einer finster gähnenden Höhle. Diese war die Wohnung des Bären. O wie zitterte das Mädchen! Und zumal da der Bär sie mit seinen furchtbaren Klauenarmen umschlang und zu ihr freundlich brummend sprach: »Hier sollst du wohnen, Bräutchen, und glücklich sein, wenn du drinnen dich brav benimmst, dass mein wildes Getier dich nicht zerreißt.« Und er schloss, als beide in der dunklen Höhle einige Schritte getan, eine eiserne Tür auf und trat mit der Braut in ein Zimmer, das voll von giftigem Gewürm angefüllt war, welches ihnen gierig entgegenzüngelte. Und der Bär brummte seinem Bräutchen ins Ohr:

»Sieh dich nicht um!
Nicht rechts, nicht links!
Geradezu, so hast du Ruh'!«

Da ging auch das Mädchen ohne sich umzublicken durch das Zimmer, und es regte sich so lange kein Wurm. Und so ging es noch durch zehn Zimmer, und das letzte war von den scheußlichsten Kreaturen angefüllt, Drachen und Schlangen, giftgeschwollenen Kröten, Basilisken und Lindwürmern. Und der Bär brummte in jedem Zimmer:

»Sieh dich nicht um!
Nicht rechts, nicht links!
Geradezu, so hast du Ruh'!«

Das Mädchen zitterte und bebte vor Angst und Bangigkeit wie ein Espenlaub, doch sie blieb standhaft, sah sich nicht um, nicht rechts, nicht links. Als sich aber das zwölfte Zimmer öffnete, strahlte beiden ein glänzender Lichtschimmer entgegen, es erschallte drinnen eine liebliche Musik und es jauchzte überall wie Freudengeschrei, wie Jubel. Ehe sich die Braut nur ein wenig besinnen konnte, noch zitternd vom Schauen des Entsetzlichen und nun wieder dieser überraschenden Lieblichkeit – tat es einen furchtbaren Donnerschlag. Sie dachte, es breche Erde und Himmel zusammen, aber bald ward es wieder ruhig. Der Wald, Höhle, die Gifttiere, der Bär – waren verschwunden; ein prächtiges Schloss mit goldgeschmückten Zimmern und schön gekleideter Dienerschaft stand dafür da, und der Bär war ein schöner junger Mann geworden, war der Fürst des herrlichen Schlosses, der nun sein liebes Bräutchen an das Herz drückte und ihr tausendmal dankte, dass sie ihn und seine Diener, das Getier, so liebreich aus der Verzauberung erlöset hätte.

Die nun so hohe, reiche Fürstin trug noch immer ihren schönen Nusszweig am Busen, der die Eigenschaft hatte, nie zu verwelken, und trug ihn jetzt nur umso lieber, da er der Schlüssel ihres holden Glückes geworden war. Bald wurden die Eltern und ihre Geschwister von diesem freundlichen Geschick benachrichtigt und wurden für immer zu einem herrlichen Wohlleben von dem Bärenfürsten auf das Schloss genommen.

Jan-Uwe Rogge

Von den Bären-Kräften der kindlichen Fantasie

Es gibt im Leben eines Kindes nicht nur Momente des Glücks – Trauer, Schmerz und Tränen gehören mit dazu, machen das Leben erst zu einem Ganzen. Das gilt auch für jene Ängste, die Kinder manchmal diffus, verschwommen, unbestimmt-unklar, unverständlich-nebulös erleben. Kinder suchen in solchen Situationen nach Halt und Nähe. Sie pressen ihr Kuscheltier an sich, finden Trost bei einem Schmuseobjekt, um Phasen der Trauer, der Trennung und des Schmerzes auszuhalten. Nicht selten ist es ein Bär – meist mit großen Augen und Ohren –, der dann herhalten muss. Als ich neulich mit Kindern auf einen mehrtägigen Ausflug ging, kam der 9-jährige Simon mit einem großen Rucksack, aus dem ein Braunbär lugte, ein Auge fehlte ihm, ein Ohr hing schlapp herunter, das andere schien in unendlich langen Nächten von Simon zerkaut. Als ich den Bär anschaute und Simon fragend ansah, ob er seinen Bären denn mitnehmen wolle, antwortete er ganz selbstbewusst: »Der hat heute morgen so lange genervt, bis ich ihn schließlich mitgenommen habe.«

Doch manchmal verleihen auch unsichtbare Bären Kräfte, unsichtbar freilich nur für Erwachsene. Für Kinder sind sie zum Greifen nahe, Figuren und Symbole der Fantasie, die mit ihnen durch dick und dünn gehen, für eine Zeit lang untrennbar mit ihnen verbunden scheinen. Eltern und Erwachsene haben nicht selten Probleme damit, weil sie meinen, das Kind würde aus der Realität fliehen, gar Wirklichkeit und Fantasie vermischen. Aber ganz im Gegenteil: Solche Figuren sind für die gefühlsmäßige Entwicklung des Kindes wichtig. Die Gefährten fungieren als Kleister, um Löcher im manchmal noch lückenhaft intellektuellen Lernprozess zu stopfen oder um Entwicklungsprozesse zu begleiten. Für Kinder sind solche Gefährten unproblematisch: sie lassen sich freiwillig auf sie ein, sie bestimmen über sie, sie lenken sie. Kinder besetzen die Figuren mit eigenen Wünschen.

Sabine Knauer, Mutter der 7-jährigen Vera, hatte sich nach langjährigen Auseinandersetzungen von ihrem Mann getrennt. Zwei Tage, nachdem dieser ausgezogen war, hatte Vera den Abendbrottisch gedeckt, auch an den Platz des Vaters Messer und Gabel gelegt. Die Mutter war irritiert, auch schockiert, als sie das sah:

»Papa kommt nicht wieder!«

»Weiß ich! Da sitzt Mannich!«

»Wer bitte?«

»Mannich! Der Bär«, erwidert Vera bestimmt. Und dann fügt sie hinzu: »Der wohnt jetzt hier!«

»Ich seh den aber nicht!«

»Brauchst du auch nicht. Es reicht, wenn ich ihn sehe!«

Die Mutter griff nicht weiter ein. Ihre Tochter schien ihr durcheinander, hatte wohl einfach zu viel mitgemacht. »Wobei es mir«, wie die Mutter im nachhinein erzählte, »schwer fiel, ruhig zu bleiben.«

»Mannich, willst du nichts essen?«, fragt Vera. »Na, nun iss mal was. Na ja, dann nicht. Du bist wohl auch traurig!«

Mannich, der Bär, begleitete die beiden überallhin. »Gott sei Dank«, so die Mutter, »war er schon groß genug, denn er fuhr auch im Auto mit, und wenigstens brauchte ich keinen Kindersitz mehr zu kaufen. Aber wehe, ich vergaß, ihn anzuschnallen, dann griff Vera sofort ein: »Du willst wohl, dass er stirbt!«

Im Restaurant musste die Mutter drei Plätze reservieren, ihm legte man ein Gedeck hin. Aber Mannich aß zur Erleichterung der Mutter kaum etwas: »Der ernährte sich wohl still und heimlich von Blättern.«

Wirkliche Probleme habe es nur einmal gegeben, als Vera mit Mannich bei Oma zu Besuch war. Mannich hatte, wie Vera feststellte, Durchfall, und Vera bestand darauf, den Hausarzt zu holen.

»Meine Mutter weigerte sich«, erzählte Veras Mutter mir später. »Jetzt reicht es aber«, habe sie zu ihrer Enkeltochter gesagt.

Vera ruft selbstständig den Arzt an, verabredet einen Sprechstundentermin. Im Wartezimmer sitzen ihre Großmutter, Vera und der unsichtbare Mannich. Vera redet ununterbrochen auf ihn ein, er brauche sich keine Sorgen zu machen, gleich käme der Arzt, und das mit dem Durchfall habe ein Ende. Die übrigen Menschen im Wartezimmer schauen zunehmend entgeistert und konsterniert, die Oma verzweifelt zur Zimmerdecke, darauf hoffend, ihre Enkelin würde endlich leiser reden. Doch im Gegenteil: Je peinlicher es der Oma ist, umso lauter redet Vera.

»Hat sie etwas?«, fragt eine Frau, die neben Veras Oma sitzt.
»Nein! Mannich hat Durchfall!«, platzt Vera dazwischen.
»Wer?«
»Na, Mannich!« Vera sieht die unbekannte Frau an.
»Der sitzt doch hier. Mannich! Der Bär!«
»Ach so!«, sagt die Frau mitleidig. »Ach so!«

»Wissen Sie«, erklärt die Oma, »die Kleine hat ihren Vater verloren. Die ist völlig durcheinander!«

»Du bist ja froh, du hast ihn ja nie gemocht!«, ruft Vera.

»Vera!« Omas Stimme klingt empört.

»Die Arme!«, entfährt es der unbekannten Frau. »Die Arme!«

»Ja, das war zu viel für sie!«

Während Vera sich um Mannich kümmert, ergeht sich das Wartezimmer in Mitleid. Endlich kommt der Hausarzt der Oma. Er fragt Vera: »Na, was hast du denn?«

»Ich nicht. Aber Mannich!« Kurze Irritation beim Arzt. Dann wiederholt Vera: »Mannich, der Bär, hat Durchfall!«

Der Arzt will Mannich die Hand geben: »Tag, Mannich!«

»Der gibt aber nicht jedem die Hand!«, erklärt Vera.

»Dann kommt mit ins Zimmer!«

Die Oma will aufstehen, mitgehen, als Vera eingreift: »Oma, bleib hier! Du störst nur!«, und zu Mannich gewandt: »Mannich, komm, der Arzt ist in Ordnung. Den kenn ich!«

Vera geht mit dem Arzt ins Behandlungszimmer, kommt nach einigen Minuten zurück.

»So, Oma, und jetzt müssen wir noch zur Apotheke.« Die Großmutter rollt mit den Augen, die nächste peinliche Situation im Blick.

Über sechs Monate kümmert sich Vera liebevoll um Mannich. Eines Morgens sitzt sie schon im Auto. Die Mutter will sich anschnallen, lässt den Gurt los, steigt wieder aus, macht die Hintertüre auf, um den Gurt für Mannich zu befestigen.

»Was machst du denn da?«, fragt Vera.

»Mannich festmachen!«

Vera schaut die Mutter groß an: »Oh, Mama, Mannich ist heut Nacht ausgezogen.«

Mit Mannich hat Vera eine für sie belastende Lebenssituation bewältigt, die Figur war so lange da, bis es ihr gelang, eine verlässliche emotionale Basis für sich zu entwickeln. Wenn Erwachsene Kinder genauer beobachten würden, wenn sie lernten, sich auf deren Sichtweise einzulassen, dann könnten sie erfahren, wie schon jüngere Kinder für sie gefühlsmäßig bedrückende Situationen überraschende Lösungen entwickeln. Diese Lösungen haben freilich nur für eine begrenzte Zeit Gültigkeit. Das Kind erwirbt mit zunehmendem Alter andere Fähigkeiten, sich mit sich und anderen Personen auseinander zu setzen.

Eine andere Geschichte zeigt eine weitere Facette der Bedeutung von Fantasiefiguren. Jakob, fünf Jahre, bringt seine Eltern, Marita und Horst Geier, durch eine Unart regelmäßig auf die Palme. Er ist nie pünktlich zu Hause – egal, ob er von Freunden, von Verwandten oder Bekannten kommt. Seine Eltern reagieren auf Jakobs Verspätung mit der Drohung von Stubenarrest, die man dann aber kaum umsetzt.

Jakob hat seine Eltern gut in der Hand, wickelt sie lässig um seinen kleinen Finger. Als sein Vater eines Tages besonders sauer ist – Jakob hat sich um 30 Minuten verspätet, es war halb sieben abends und draußen dunkel, die Eltern machten sich schon Sorgen um ihren Sohn –, da erklärt Jakob auf die Frage, warum er so spät käme:

»Knorri hat den Weg versperrt. Der ließ mich nicht durch! Der wollte mit mir spielen.«

Der Vater stutzt: »Wer ist Knorri?«

»Ein starker Bär!«, erklärt Jakob.

»Was?«, ruft der Vater.

»Ein ganz starker Bär!«, wiederholt Jakob völlig ruhig.

»Zu spät kommen«, entrüstet sich der Vater, »und dann noch bescheuerte Ausreden haben. Da hört es auf!« Er tippt sich mit dem Zeigefinger an die Stirn: »Du siehst zu viel fern. Deshalb spinnst du!«

»Es gibt Knorri aber!«, beharrt Jakob.

»Nun lass mal«, versucht die Mutter zu beschwichtigen. Sie will ihren Sohn streicheln.

»Ach, du glaubst mir ja auch nicht!«, meint Jakob, sich dem Griff der Mutter entziehend.

Das Abendessen verläuft in gereizter Atmosphäre, vor allem als Jakob anfängt, seinen Knorri zu beschreiben.

»Hör auf!«, meint der Vater

»Bitte sei jetzt still. Es reicht!« Auch Marita Geier klingt nun ärgerlich.

In den Wochen nach diesem Abend schaukelt sich die Situation hoch: Jakob begründet sein Zuspätkommen immer wieder mit Knorri. Die Eltern reagieren mit einer Mischung aus Verzweiflung, Hilflosigkeit und ohnmächtiger Wut. Sie stellen ihr Problem auf einem Elternseminar vor. Jakob ist anwesend. Nachdem der Vater die Situation detailliert geschildert hat, macht er seinem Ärger ungehalten Luft: »Knorri! Knorri! So eine beknackte Ausrede hab ich noch nie gehört. Bären, die einen vom Nachhausegehen abhalten, gibt's im Märchen und nicht in Wirklichkeit.«

»Gibt's doch!«, ruft Jakob dazwischen, energisch mit dem Fuß aufstampfend.

»Jakob, gib Ruhe!«, meint seine ärgerlich klingende Mutter.

In Abwesenheit der Eltern lasse ich mir die Geschichte von Knorri aus Jakobs Sicht erzählen:

»Also, der steht da. Der ist groß. Ich komm da nicht vorbei. Erst muss ich noch mit ihm spielen. Erst 10 Minuten und dann noch ...«

»Und du bist dann unruhig«, unterbreche ich ihn. »Und möchtest nach Hause, weil die Eltern sonst schimpfen?«

Jakob nickt: »Aber der lässt mich nicht!« Jakob beschreibt Knorri als freundlich, groß und stark. »Aber er ist so alleine«, sagt er, »er hat keinen zum Spielen. Deshalb will er mit mir spielen.«

Mir ist klar: Jakob glaubt felsenfest an Knorri, ihn macht er für sein Zuspätkommen verantwortlich, auf ihn schiebt er sein schlechtes Gewissen.

»Jakob, ich denke, du solltest mal mit Knorri reden. Dich nervt das Zuspätkommen doch auch, oder?« Er nickt spontan. »Hast du 'ne Idee, wie das gehen kann?«

Jakob überlegt. Er wirkt in sich gekehrt: »Ja, aber er möchte doch mit mir spielen. Er ist doch so alleine.«

»Da hast du recht!« Ich sehe ihn an. »Wie kriegst du das auf die Reihe?«

Er schaut aus dem Fenster, seine Augen fixieren einen imaginären Punkt. Dann lächelt er plötzlich: »Ich hab's!« Er wirkt ganz aufgeregt: »Ich gehe 15 Minuten eher von Jan, meinem Freund, weg. Dann komm ich bei Knorri vorbei, spiele mit ihm, und dann gehe ich nach Hause«.

»15 Minuten eher willst du gehen. Woher weißt du denn die Zeit?«

Wieder eine nachdenkliche Pause. Dann grinst Jakob: »Ich muss um sechs zu Hause sein, und wenn die Kirchturmuhr halb sechs schlägt, hau ich ab!«

»Gute Idee, aber wie soll Knorri das wissen?«

»Ich rede mit ihm!«

Die Eltern kommen hinzu. »Na, was ist?«, meint der Vater. Ich blicke Jakob an.

»Ich red mit Knorri«, meint Jakob ganz selbstbewusst.

»Wie bitte?«, ruft der Vater aus, mich und Jakob abwechselnd anfunkelnd. »Das darf doch nicht wahr sein!« Die Stimme der Mutter klingt scharf.

»Und für so was bezahlen wir auch noch Geld«, ergänzt ein sichtlich genervter Vater. Jakob schmunzelt.

»Papa, oder willst du mit Knorri reden?«

»Jakob!«, zischt die Mutter, »jetzt reicht es!« Jakob lächelt mich an: »Aber das ist gut so, die verstehen ihn ja doch nicht!«

Die Eltern schauen sich schweigend an. Während ich mit Jakob nochmals alles durchgehe, hören die Eltern konsterniert zu. Kopfschüttelnd verlassen sie das Seminar.

»Na ja, war mal 'ne Erfahrung«, resümiert der Vater zum Schluss, seine Frau ergänzt: »Ich hatte eigentlich viel Gutes über Sie gehört.« Ob sie an der Fortsetzung des Seminars teilnähmen, wüssten sie nicht.

Zehn Wochen später. Seminarfortsetzung. Jakob rennt freudig auf mich zu, die Eltern kommen strahlend hinterher.

»Ich hab Sie für 'n Spinner gehalten«, erklärt mir der Vater zur Begrüßung.

»Tja«, meint Jakobs Mutter entschuldigend, »wer so lange so was macht, wird wohl eigenartig, hab ich gedacht.« Sie macht eine Pause. »Aber es ist der Wahnsinn. Jakob kommt pünktlich, sogar etwas vor der Zeit. Sie sind ein Zauberer!«

Ich gehe in die Hocke, lächle Jakob an und nehme seine Hand: »Hier ist der wahre Zauberer. Jakob, der Zauberer!« Und dann erzählt Jakob mir, er habe mit Knorri geredet und ihm erklärt: »Knorri, ich spiele gern mit dir, aber ich muss pünktlich nach Hause. Wenn du mich nicht lässt, komme ich hier nicht mehr vorbei!«

»Und was hat Knorri gesagt?«, frage ich.

»Er hat genickt und gesagt, ich erinnere dich daran, damit du pünktlich zu Hause bist!«

Bei diesen Worten schauen sich die Eltern an, sie lächeln, aber ein skeptisches Kopfschütteln ist nicht zu übersehen.

Jakob hat eine einfache, magische und kindgerechte Lösung

gefunden, vielleicht auch deshalb, weil ich mich auf seine Fantasien einlassen konnte. Die Kritik seiner Eltern an seiner Unpünktlichkeit konnte er nicht annehmen. Er empfand sie weniger als Kritik an der Sache denn als Kritik an seiner Person. Die Konsequenz: Er inszenierte einen Machtkampf. Je vehementer die elterlichen Vorwürfe ausfielen, umso intensiver führte er seine kleinen Rachefeldzüge, die die Eltern allmählich zur Verzweiflung trieben. Dabei sind Jakobs Fantasien deutlich. Sein »Knorri«-Bär symbolisiert eine polare Sichtweise, die so typisch für die Altersstufe des magischen Denkens ist. Knorri diente Jakob als Vehikel, ein magisches Vehikel, dessen Bedeutung für die Eltern auf den ersten Blick nicht zu erkennen war.

Wer sich auf Kinder und ihre Fantasiegefährten – egal ob es der Bär, die Katze, der Löwe oder der Dinosaurier ist – einlässt, der erfährt viel darüber, wie sie sich angstbesetzten Situationen stellen und versuchen, diese mit eigenen – manchmal realistischen, manchmal fantastischen – Mitteln zu lösen. Dies macht Kinder lebenstüchtig, erleben sie doch, dass sie solchen Situationen nicht hilflos ausgeliefert sind, sondern schöpferisch und selbstbewusst handeln gelernt haben.

Bernd Fritz

Wie ein deutsches Witzebuch über unsere Gummibärchen einmal sogar auf amerikanisch gedruckt wurde

Dass Gummibärchen eine amerikanische Erfindung seien, ist ein produktiver Irrglaube, dem der deutsche Hersteller Anfang der achtziger Jahre Vorschub geleistet hatte. Da begann Haribo, seine »Goldbears« nicht mehr über einen Importeur zu vertreiben, sondern machte in Baltimore eine Tochtergesellschaft mit dem höchst einheimischen Namen »Haribo of America« auf. Überdies trug »Hans Riegel, Bonn«, wie die Bonbon- und Lakritzfirma sich ausschreibt, dem amerikanischen Geschmack mit einer erheblich veränderten, süßeren und vor allem bunteren Exportversion seiner Gummitierchen Rechnung.

Ein Schicksal, das auch ihren komischen Abbildern in Hans Traxlers Cartoon-Band ›Aus dem Leben der Gummibärchen‹, erschienen im Zürcher Diogenes Verlag, nicht erspart blieb. Der renommierte New Yorker Verlag HarperCollins erwarb 1992 die Nachdrucklizenz und präsentierte dem überraschten Traxler, humorgeprüft durch mehr als drei Jahrzehnte Dienst am Witz bei den Satirezeitschriften ›Pardon‹ und ›Titanic‹, ein drei Seiten langes Glossar mit neunundzwanzig Änderungswünschen an den zweiundfünfzig Zeichnungen der deutschen Originalausgabe. In den meisten Fällen betrafen die »suggestions« lediglich die Unterzeilen. So hatte das HarperCollins-Lektorat vorgeschlagen, den Tip eines steinalten Gummibärs an einen Jungbären (»Kein Alkohol, keine Frauen, und vor allem: Meiden Sie Kindergeburtstage!«) dergestalt umzutexten, dass Frauen durch Zigaretten ersetzt würden. Auch über den Wunsch, in einer anderen Unterzeile den Flugpionier Otto Lilienthal durch die Gebrüder Wright zu ersetzen, wurde rasch Einigung erzielt.

Schwieriger gestaltete sich das Einvernehmen bei Vorschlägen, die auf das Weglassen ganzer Cartoons hinausliefen, weil sie HarperCollins »too european« waren. Ein hartes Ringen hub an, das am Ende von allen Beteiligten als lustig und lehrreich zugleich gewertet werden sollte.

Während Gummibärchen-Witze mit Kaiser Nero, Iwan dem Schrecklichen, Heinrich dem Achten oder der Sixtinischen Madonna ebenso anstandslos passierten wie Szenen mit Gummibärchen in einem osmanischen Harem, lernte Traxler, dass Goethe von den amerikanischen Lesern als zu unbekannt eingestuft wird. An seiner Stelle sollte Walt Whitman, der gute Lyrikrebell und Bürgerkriegssanitäter, mit einem »Gummy Bear« als Hausgenossen trauliche Zwiesprache halten. Als Alternative zu einem Blatt, das die passive Rolle der Gummibärchen in der Französischen Revolution geißelte, hatte man gar einen eigenen Gag aus der amerikanischen Revolution ausgearbeitet. Dessen umstandslose Übernahme aber verbot die Cartoonistenehre. Immerhin bekamen die »American readers« noch einen mit feinstem europäischem Marderhaarpinsel getuschten komischen George Washington zu sehen, wie er mit einer Ladung kampfentschlossener Weingummisoldaten den Delaware überquert.

Nichts Böses ahnten die Gummibärchen,
als Kolumbus 1492 vor ihrer Insel auftauchte.
Später verschleppte er sie alle nach Europa.

Eine doppelseitige Strandszene komplett von Saint-Tropez nach Fort Lauderdale zu verlegen, war Traxler allerdings zu viel. Das sah denn auch die Gegenseite ein und akzeptierte die Offerte, den Ortswechsel lediglich durch Austausch einer trikoloren Strandfahne gegen das Sternenbanner zu visualisieren. Doch auch die Amerikaner hatten ihr Lernerfolgserlebnis. Einen Cartoon, der das Moskauer Kaufhaus »GUM« als vorrevolutionären Gummibären-Besitz apostrophiert, bewerteten die Verfasser des Glossars nicht nur als zu europäisch, sondern gar als »weak joke«, flauen Scherz – sie hatten den Namen »GUM« für einen Kalauer des Zeichners gehalten. Und um ein Haar wäre der erste deutsche Comic-Export in die Neue Welt an einer weiteren Wissenslücke der Importeure gescheitert. Der schönste Cartoon des Buches, der zeigt, wie die Gummibärchen in den Mauerritzen alter provenzalischer Bauernhäuser überwintern und mit ihrem Zirpen eine schöne Bewohnerin erfreuen, hatte das Verdikt »very european« erfahren und sollte vollständig aus der amerikanischen Ausgabe genommen werden. Die Positionen verhärteten sich, als ein silberhelles »But that's me!« der bei den Verhandlungen anwesenden Traxler-Gemahlin Inge Stimmung und Problem löste. Executive Manager Lawrence Peel Ashmead, charmant und »sehr europäisch« (Traxler), befand augenblicklich, dass ein Cartoon mit dem »charming wife« des Cartoonisten in keiner Ausgabe der Welt fehlen dürfe.

Im Gegenzug spendierte der geschmeichelte Gatte der amerikanischen Ausgabe ein Supplement mit einem »very american« Motiv: Zu den vier berühmten Felspräsidenten des Mount Rushmore gesellte er ein mächtiges steinernes Gummibärenhaupt.

Caroline Möhring

Freundliches Kuscheltier, blutrünstige Bestie

Mein erster lebendiger Bär war schon lange tot. Ein Großonkel hatte ihn erlegt, damals in jenen so unvorstellbar fernen Tagen, in denen es in Deutschland noch einen Kaiser und in Europas Wäldern noch eine größere Zahl von Bären gab. Und mein Bruder Bernhard war der überglückliche Junge, der das Fell dieses Bären nun bekommen sollte – eine Erbschaft, für die er schon durch seinen Namen prädestiniert erschien: Bernhard bedeutet schließlich nichts anderes als »hart, kräftig, ausdauernd wie ein Bär«. Eben jenes Exemplar aus der Familie der Ursidae, wie die gebildeten Zoologen die Bären nennen, reiste also per Bahn in einer riesigen Kiste aus grobem Holz, die allein schon dazu angetan war, den Bahnhofsvorsteher unseres kleinen Harzdorfes zunächst in Staunen und dann in eine gewisse Ratlosigkeit zu versetzen. Die Probleme, denen sich der sonst so beherzte Herr mit der roten Mütze unerwartet gegenüber sah, lösten die Eltern mithilfe eines betagten Leiterwagens, in dem wir die Kiste in einer Art Triumphzug nach Hause zogen. Dies allein war schon aufregend genug – und dann erst der Inhalt! Dicht und braun und zottelig das gewaltige Fell, nicht gerade kuschelweich, aber auch nicht borstig hart, voll von Staub aus mehr als einem halben Jahrhundert und mit dicken schwarzen Krallen an den immer noch schweren Pranken. Der Kopf, nach allen Regeln der Kunst präpariert, verlieh dem Tier schwer fassbare Züge. Mit seinen leicht gefletschten Zähnen um eine rosarote Zunge aus Pappmaché – zwischen denen er im Übrigen für die weniger vom Schicksal begünstigten Geschwister kleine Plüschbären hielt –, seinen relativ kleinen dunklen Augen und den runden pelzigen Ohren wirkte sein Antlitz freundlich und Furcht einflößend zugleich.

Tatsächlich, so sollte ich später lernen, bleibt die Miene der Bären vielleicht gerade deshalb so rätselhaft und geheimnisvoll, weil die Tiere – anders als Hunde oder Katzen und ihre wilden Anverwandten wie Wölfe, Löwen oder Tiger – nicht über eine wandelbare Mimik verfügen. Dennoch sind sie mitnichten die »gutmütigen Trottel« unter den großen Raubtieren der Erde, zu denen die menschliche Fantasie sie vielfach machte. In Freiheit ist der Bär, der außer dem Menschen nichts und niemanden zu fürchten hat, ein Waldbewohner mit scharfen Sinnen, der den Menschen und ihren Siedlungen scheu und wachsam aus dem Wege geht, solange ihn nicht grimmiger Hunger plagt. Tierpfleger und Dompteure indes wissen, dass man sich auf die Biederkeit und Gutmütigkeit der Bären keineswegs verlassen kann. Die Tiere erweisen sich vielmehr als unberechenbar, gehen mitunter – eben noch harmlos, folgsam und brav – völlig unerwartet zum Angriff über. Während Tiger, Panther oder Löwen durch ihr Mienenspiel stets verraten, in welcher Stimmungslage sie sich gerade befinden und auf solche Weise auch dräuende Gefahren kundtun, ist das Gesicht der Bären von der Natur für derartige Veränderungen nicht eingerichtet. Angriffe wilder oder auch vermeintlich zahmer Bären kommen deshalb ohne warnende Vorzeichen oft gänzlich überraschend. Es gibt Fälle, in denen als zahm bekannte Bären blitzschnell und lautlos auf einen arglos im Käfig hantierenden Pfleger zugeschossen sind und ihn grauenhaft zugerichtet haben. Nicht allein mit Bissen, Krallenrissen oder Prankenhieben können die Tiere verwunden und töten, manchmal richten sie sich auch auf die Hinterbeine auf und nehmen ihr Opfer in eine todbringende Umarmung.

Wie berechtigt also waren die vielfältigen Vorsichtsmaßnahmen bei der Bärenjagd, von denen meine Großmutter so eindrucksvoll zu berichten wusste. Wenn Bären aber doch einmal angreifen, so hörten wir Kinder mit Schaudern, verbiete sich jeder Versuch einer Flucht. Zwar gehören Bären nicht zu den schnellsten Läufern, schneller als der Mensch aber sind sie allemal – und auch Bäume bieten keine Sicherheit, da die Tiere sehr behände klettern können. So bleibt im Falle eines Falles nur eins: Man lege sich flach auf den Boden und stelle sich tot – in der Hoffnung, dass der Bär dann sein Interesse verliert. Dass wir selbst als walderprobte Försterkinder keinerlei Gelegenheit hatten, dieses Rezept je auszuprobieren, kam uns nicht wirklich ungelegen. Mit noch mehr Ehrfurcht und Respekt aber begegneten wir fortan »unserem Bären«, der bald die Eingangshalle des alten Forstamtes zierte und zur Attraktion des kleinen Ortes wurde, zu einem begehrten Ziel für Schulklassen und Wandergruppen. Immerhin bot sich hier die Möglichkeit, einem Exemplar der größten Raubtiere der Erde einmal unmittelbar gegenüberzustehen – viel dichter als in den zoologischen Gärten, zu deren »Grundausstattung« in aller Regel auch Bären gehören.

Vergleichsweise genügsam und majestätisch zugleich erscheinen die Tiere für ein Leben hinter Gittern und vor den staunenden Augen des Publikums tatsächlich in besonderer Weise geeignet. Sie geben sich mit fast jedem Futter zufrieden und überleben selbst im engsten Käfig. Auch beim Zirkus sind sie aus eben diesen Gründen höchst beliebt, zumal sie sich auch noch als gelehrig erweisen und – possierlich und gefährlich zugleich – bei den Zuschauern je nach Veranlagung für Sympathie oder Nervenkitzel sorgen. Mit ihren zum Teil verblüffenden Kunststücken setzen sie eine lange Tradition fort – ist die Kunst, Bären abzurichten, doch letztlich uralt. Schon aus dem alten Orient sind Darstellungen von Bärenführern mit Tanzbären bekannt. Später wurden Bären für Folterungen oder als Kriegsmaschinen genutzt, zur Unterhaltung europäischer Fürstenhöfe in Arenen gejagt, in Menagerien gezeigt oder sogar auf glühende Platten gestellt, auf dass sie zur Erheiterung des Publikums »tanzten«. Respektvoller als die Europäer gingen die Indianer mit dem »Bruder Bär« um. Fasziniert von seinem aufrechten Gang, sahen sie im Grizzly, der nordamerikanischen Variante des Braunbären, das Symbol des Todes und der Wiedergeburt, erhofften Stärke und Klugheit vom Verzehr seines Fleisches. Der höchste Rang unter den Medizinmännern kam deshalb den Bärenschamanen zu, die sich mit Bärenfellen und Ketten von Bärenzähnen schmückten.

Auch in der Gefühlswelt der Europäer behielt der Bär seinen festen Platz – und sogar in unserer Sprache. Bis heute schlafen wir gelegentlich wie ein Bär, haben einen Bärenhunger, fühlen uns manchmal bärenstark, erweisen anderen einen Bärendienst oder binden gar jemandem einen Bären auf. In der europäischen Natur hingegen hat der Bär seinen Platz inzwischen weitgehend eingebüßt, sowohl durch intensive Jagd als auch durch die Einschränkung seines Lebensraumes. Denn die Tiere, von Natur aus einzelgängerisch und scheu, brauchen ein ausgedehntes Revier, wenngleich sie sich mit weniger Raum zufrieden geben als etwa Wölfe oder Luchse. Unter natürlichen Bedingungen leben in unseren Breiten auf einer Fläche von hundert Quadratkilometern zwei bis sieben Bären, aber nur ein einziger Luchs. Der Braunbär nämlich, obwohl der Systematik nach ein Raubtier, ist in der Wahl seiner Nahrung sehr flexibel und begnügt sich vielfach mit weitgehend vegetarischer Kost. Je nach Angebot der Gegend deckt er durchschnittlich rund drei Viertel seines Nahrungsbedarfs durch Beeren, Früchte oder Kräuter. Auf der Suche nach Nahrung durchstreifen die Tiere auf uralten Wechseln weite Gebiete. Nur in der Paarungszeit von Ende April bis in den Juni trifft man Braunbären paarweise an, danach geht jeder wieder seiner eigenen Wege.

Schlehen, Ebereschen, Waldbeeren, Pilze, Eicheln, Bucheckern, Blattstängel, Haselnüsse, reifes oder unreifes Obst – kaum etwas wird von den Bären verschmäht. Nicht unbedeutend schädigen die Tiere, so sich die Gelegenheit dazu bietet, Anpflanzungen von Melonen, Mais, Kartoffeln, Rüben oder Kohl sowie Weinkulturen oder Obstplantagen – und machen sich dadurch unbeliebt. In manchen Gegenden treten Bären auch als ausgesprochene Raubtiere in Erscheinung, die größe-

Braunbär

re Wild- oder Haustiere reißen, und wo Jahr für Jahr laichwillige Lachse die großen Flüsse aufwärts wandern, verstehen sie es ausgezeichnet, die Fische mit Prankenschlägen aufs Trockene zu befördern und sich an ihnen zu mästen. In Regionen mit geringem Nahrungsangebot hingegen nehmen Braunbären auch mit Insekten und deren Larven, mit Schnecken oder Fröschen vorlieb, graben selbst Mäuse aus und plündern die Nester am Boden brütender Vögel. Ihre spezielle Vorliebe für Honig lässt einzelne Braunbären offenbar einzig auf der Suche nach der süßen Leckerei kilometerweite Wanderungen unternehmen, auf denen sie mit erstaunlicher Sorgfalt alle erreichbaren Bienenstöcke plündern.

Am größten ist ihr Hunger im Herbst, denn dann muss das Fettpolster für den Winter wachsen. Rund 20 000 Kilokalorien braucht ein erwachsener Bär dann jeden Tag – das entspricht dreißig Kilo Äpfeln. Mit einem Fettvorrat von rund einem Drittel seines Körpergewichtes kann der Bär dann den nahrungsarmen Winter überstehen – ob in echtem Winterschlaf oder nur in Winterruhe ohne Starrezustand, darüber sind die Gelehrten bis heute nicht einig. Sicher ist indes, dass sich jeder Bär zu Beginn der kalten Jahreszeit einen gut verborgenen, für Mensch und Tier möglichst unzugänglichen Unterschlupf sucht – sei es nun eine natürliche Felshöhle oder eine selbst gegrabene Ruhestätte – und ihn bis zum Frühjahr kaum verlässt. In dieser Zeit zehren die Bären von den angesammelten Fettreserven, die bei den Bärinnen zudem für den Nachwuchs reichen müssen. Denn mitten im tiefsten Winter, im Januar oder Februar, bringen sie in ihren Quartieren ein bis drei winzige blinde Junge von der Größe eines Hamsters zur Welt. Bis zum Frühjahr, wenn sie mit ihrer Mutter zum ersten Mal das Winterlager verlassen, wachsen die jungen Bären zu reizenden, weich bepelzten Kerlchen von der Größe eines Spitzes heran.

Dann ist der Tisch auch für ihre ausgemergelten Mütter und Väter wieder reich gedeckt – vor allem mit den Kadavern des im Winter zugrunde gegangenen Wildes, die langsam unter Schnee und Eis auftauchen.

Zwei Jahre lang lassen sich die jungen Bären von ihrer Mutter führen, erst im dritten Lebensjahr werden sie geschlechtsreif. Dabei bleiben die Bärinnen in der Regel erheblich kleiner als ihre männlichen Artgenossen im selben Revier. Innerhalb ihres riesigen Verbreitungsgebietes, das ganz Europa, Asien und Nordamerika umfasst, schwankt die Größe der Braunbären freilich enorm. Geradezu Zwerge sind die Braunbären der Alpen, kaum länger als 1,80 m bei einer Schulterhöhe von 85 bis 90 cm. Als Riesen hingegen erweisen sich die Braunbären auf Kamtschatka und in Alaska, die eine Länge von etwa 3 m, eine Schulterhöhe von 1,20 m und ein Gewicht von 650 kg erreichen. Unabhängig von ihrer Größe indes brauchen alle Braunbären letztlich einen Lebensraum, wie er heute immer seltener geworden ist: mit üppiger Vegetation, hohen Wildbeständen und vor allem der Möglichkeit, dem Menschen jederzeit auszuweichen. Das gelingt nur in ausgedehnten, ruhigen Wäldern mit schwer zugänglichen Rückzugsgebieten und felsigen Partien, in denen die Tiere den Winter ungestört verschlafen können.

In den dicht besiedelten Ländern Europas wie Deutschland, Belgien, den Niederlanden und Dänemark, aber auch in England, Schottland und Irland gibt es schon lange keine Braunbären mehr. In Deutschland fiel der letzte Schuss auf einen Bären im Jahr 1835, in der Schweiz kurz nach Beginn des zwanzigsten Jahrhunderts. In den Alpen wurden die Tiere auf ein kleines Gebiet in Italien zurückgedrängt, in den Pyrenäen und in Nordwest-Spanien gibt es ebenfalls noch versprengte Populationen, die ohne strengen Schutz indes nicht überleben können. Nur in Osteuropa, vor allem in den schwer zugänglichen Waldgebieten Rumäniens, hielten sich größere Bestände. Auch in Skandinavien sind noch etwa 1300 Braunbären zu Hause – und natürlich im stets glücklicheren Amerika. Dort genießt der »grimmige« Grizzlybär heute in den ausgedehnten Wäldern und Nationalparks ebenso intensiven Schutz wie der dort ebenfalls heimische Schwarzbär, sein als »sanftmütig« geltender kleinerer Vetter.

Im Großen und Ganzen mag diese Charakterisierung der braunen und der schwarzen Bären, die sich durch alle Geschichten aus dem ehedem wilden Westen zieht, durchaus zutreffend sein. Bedrängt oder gar angeschossen kann indes auch der zierliche und flinke Schwarzbär zum gefährlichen Gegner werden. Weniger durch Bisse und erdrückende Umarmungen als vielmehr durch wuchtige Schläge mit den Pranken hat er, zur Verteidigung gezwungen, schon Jagdhunde und selbst Menschen getötet. Jahrhundertelang hat man ihm gnadenlos nachgestellt, sei es wegen der Schäden, die er in halb ausgereiften Getreidefeldern oder bei gelegentlichen Übergriffen auf Haustierherden hinterließ, sei es wegen seines wertvollen Fells oder seiner wohlschmeckenden Schinken.

Seit gut einem halben Jahrhundert freilich hat sich die Einstellung dem dunklen Gesellen gegenüber grundlegend gewandelt. Heute gilt der Schwarzbär als eines der beliebtesten Wildtiere Nordamerikas. Denn im Schutz der ausgedehnten Nationalparks haben die gelehrigen Tiere rasch erkannt, wie sie mit dem ihnen eigenen Charme die Touristen becircen können. Erfolgreich begannen sie abenteuerlustigen Reisenden einen Wegezoll abzufordern. Heute lagern Schwarzbären oder Baribals an vielen Gehwegen oder Autostraßen der weitläufigen Parks, lassen sich von den Vorüberkommenden mit Leckerbissen füttern und aus nächster Nähe fotografieren. Willi-

gen Spendern tun sie in der Regel nicht das Geringste zuleide. Unter »wohlwollendem Brummen« nehmen sie vielmehr die wohlschmeckenden Bissen entgegen und beschnuppern zum Vergnügen der Reisenden deren Hände und Taschen. Ganz ungefährlich indes sind derartige Begegnungen nicht. Einige der – immer noch wilden – Tiere nämlich sind inzwischen ausgesprochen dreist geworden. Ist die Futtertüte endgültig leer, halten sie die Touristen schon einmal mit ihren Tatzen fest und fordern weitere Leckereien. Wenn ihr »gemütliches« Brummen zunehmend ärgerlich wird, gilt es – am besten unter geeigneten Täuschungsmanövern – rasch das schützende Auto aufzusuchen und den Ort der Tat zu verlassen. Andernfalls könnte ein solches Abenteuer durchaus böse Folgen haben. Ganz nebenbei haben die possierlichen Lieblinge der Touristen derweil ihren völlig frei lebenden Artgenossen sehr genützt. Denn da die inzwischen allgemein wohlgelittenen Tiere kaum noch bejagt werden, konnten sich ihre Bestände in ganz Nordamerika merklich erholen.

Weniger gut hingegen ergeht es ihren Anverwandten im fernen Russland. Gemessen an den spärlichen Restbeständen der Braunbären in Westeuropa gibt es dort zwar immer noch einen schier unermesslichen Reichtum an Bären. Zur Jahrtausendwende schätzte ein Moskauer Experte den ehedem sehr viel größeren Bestand immerhin noch auf rund 110 000 Tiere. Doch »Mischka«, das Symboltier der einstigen Supermacht, ist inzwischen in schwere Bedrängnis geraten. Die Öffnung der Grenzen, die Verarmung der ländlichen Bevölkerung und die chronische Geldnot des Naturschutzes bekommen den ausgedehnten russischen Wäldern wie auch vielen dort lebenden Tieren schlecht. Seit dem Zusammenbruch des Sowjetreiches nahmen Wilderei und der Handel mit Wildtieren ein alle Naturschützer erschreckendes Ausmaß an. So erweist sich beispielsweise der Jagdtourismus als äußerst einträgliches Geschäft. Neureiche Landsleute lassen sich ebenso wie manch ausländischer Jäger mit Motorschlitten oder Hubschraubern und schwer bewaffneter Begleitung oftmals direkt vor einem der Winterquartiere absetzen, aus denen man die völlig verstörten und schlaftrunkenen Bären dann mit langen Stangen oder Hunden treibt.

Stärker allerdings als solch wenig waidgerechte Form der Jagd setzt den Bären – ähnlich wie den sibirischen Tigern – die steigende Nachfrage nach den Mitteln der traditionellen fernöstlichen Medizin zu. Begehrt ist vor allem die Bärengalle, die Heiler in China, Japan oder Korea wie schon die Ärzte und Bader des Mittelalters gegen vielerlei Übel verordnen, seien es nun Leberleiden, Herzbeschwerden oder Darmgeschwüre. Gewinnspannen wie sonst nur im Drogenhandel können russische Wilderer schwerlich widerstehen. Bärentatzen und andere Körperteile, die unter anderem in Suppen verarbeitet werden, gelten als gesundheitsfördernde Delikatesse, und die Krallen der Tiere sind ebenso wie ihre präparierten Tatzen als Glücksbringer überaus beliebt.

Auch fast alle anderen Mitglieder der Familie der Großbären – zu der beispielsweise der Lippenbär, der Brillenbär und der Kragenbär zählen – sind nach den Untersuchungen der Naturschützer in ihrer Existenz bedroht. Als ernsthaft gefährdet gelten die südamerikanischen Brillenbären ebenso wie die asiatischen Lippenbären. Der Malaienbär ist in Indien bereits ausgestorben, sein Überleben in Bangladesch ist zweifelhaft. Einzig die weißen Verwandten im hohen Norden haben sich in ihrem gesamten Lebensraum halten können. Seit die Jagd auf Eisbären verboten wurde, haben sich ihre Bestände in einigen Regionen sogar mehr als verdoppelt. Die Menschen, die seit alters her ihren kargen Lebensraum mit den Bären teilen, schei-

Lippenbär

nen überwiegend froh darüber zu sein. Auf Spitzbergen wie im Norden Kanadas liebt man die Eisbären ebenso sehr, wie man sie fürchtet.

Kommt ein Eisbär nach Ny-Alesund, stehen die Bewohner mit Fotoapparaten am Fenster, streift er durch die Straßen von Longyearbyen, macht man über Funk auf ihn aufmerksam. Nur in Notwehr, wenn ein Eisbär einen Menschen wirklich angreift, darf nach einigen Warnschüssen gezielt geschossen werden. Fällt das Tier dann tatsächlich tot um, wird es sorgfältig ausgestopft und liebevoll an einem gut sichtbaren Platz aufgestellt. Seit 1973 ist das Jagen von Eisbären auf Spitzbergen verboten. Die Trapper hielten sich offensichtlich daran – dafür spricht schon die Tatsache, dass es heute kaum noch Trapper gibt. Denn wen sonst sollten sie Gewinn bringend erlegen, wenn nicht Eisbären mit ihrem wertvollen Fell. Außer ein wenig braunem Gras ist auf den Inseln in der Arktis kaum etwas an Leben zu sehen. Neben Eisbären und einigen Touristen treiben sich nur wenige Säugetiere herum, Polarfüchse etwa oder Rentiere. Die Zahl der Eisbären indes ist in jüngster Zeit beständig gewachsen.

Im hohen Norden Kanadas ist das nicht anders. In Churchill, einer kleinen Gemeinde an jener Bucht, an der die riesige Hudson Bay zuzufrieren beginnt, treffen jedes Jahr im November mehr als tausend Bären aus der umliegenden Tundra

Eisbär

ein und warten sehnsüchtig auf den Beginn ihrer Jagdsaison. Die Einwohner der »Hauptstadt der Eisbären« haben mit den Tieren zu leben gelernt, wenngleich sie vorsichtshalber eine Eisbärenpolizei eingerichtet haben, die allzu aufdringliche oder gefährlich erscheinende Bären in Gewahrsam nimmt und per Hubschrauber in das Gebiet jenseits des Churchill Rivers verfrachtet. Nach wenigen Tagen ist die Invasion, die alljährlich auch gut betuchte Touristen in großer Zahl anlockt, ohnehin vorüber. Ende November, wenn das Eis zu tragen beginnt, wandern die Tiere auf ihren zu diesem Zweck stark behaarten Sohlen hinaus in die weiße Einsamkeit, ihrem Schlaraffenland, in dem es Robben, Robben, Robben gibt.

Nach den kargen Sommermonaten, in denen es für sie nicht viel mehr als Mäuse, Fische und Lemminge gab, können sie nun endlich, im Eis bestens getarnt, ihre Lieblingsspeise erbeuten. Bis März/April dauert die Jagdsaison, in der die weißen Riesen enorme Strecken bewältigen. Über viele Kilometer hinweg spürt ihr extrem empfindlicher Geruchssinn die begehrte Beute auf. Als geschickter Schwimmer stellt der Eisbär den Robben in der Regel vom Wasser aus nach. Von einem Eisloch aus taucht er unter der Eisdecke durch und erscheint – für seine Opfer völlig überraschend – an einem anderen Loch, um das sich die ahnungslosen Tiere gelagert haben, von denen er sich dann zumindest eines greift. Zuweilen lauert der Bär umgekehrt selbst am Rande eines Eislochs, um daraus auftauchende Robben – oder auch Fische – zu packen und aus dem Wasser zu ziehen. Moose, Gräser und Beeren, die die Tiere während des kurzen Polarsommers finden, ergänzen ihren im Übrigen sehr eintönigen Speiseplan, der den Eisbären nun auf neuartige Weise zu schaffen macht. Die Tiere nämlich sind das letzte Glied einer besonders langen Nahrungskette, die beim Plankton beginnt, sich über Fische und Robben fortsetzt und schließlich beim Eisbären endet. Jedes Tier dieser Kette aber sammelt heutzutage Giftstoffe in sich an und gibt sie an das nächste Glied der Kette weiter. Als besonders heimtückisch erweist sich dies, wenn es sich um Substanzen handelt, die im Körperfett der Tiere gespeichert und angereichert werden. Und von eben diesen Substanzen gibt es mehr, als den Eisbären lieb sein kann: PCB, DDT, HCH, TBT – die Gefahr hat oft drei Buchstaben und viele komplizierte chemische Namen.

Dichlordiphenyltrichloräthan, kurz DDT, wurde auch in Deutschland jahrzehntelang zur Bekämpfung von Ungeziefer eingesetzt. In Sibirien soll es noch immer als Insektizid verwendet werden, obwohl es längst verboten ist, da seine Abbauprodukte im Verdacht stehen, den Hormonhaushalt höherer Lebewesen zu beeinflussen. Hexachlorcyclohexan oder HCH dient – insbesondere in der Variante Lindan – ebenfalls dem Kampf gegen Schädlinge, auf die es als Nervengift wirkt. Polychlorierte Biphenyle oder PCB werden als Öle für Kondensatoren und Transformatoren sowie als Hydraulikflüssigkeit genutzt – und zudem von einigen Forschern verdächtigt, die Fortpflanzung von Vögeln, Fischen und Säugetieren zu stören. Tributyltin oder TBT schließlich, das als Antifäulnismittel benutzt wird, läuft von Schiffen aus ins Meer. Auch diese Substanz hemmt möglicherweise die Fortpflanzung der Tiere. Hinzu kommen weitere Industriegifte, Pflanzenschutzmittel, radioaktive Stoffe und Schwermetalle, deren Wirkungen erst zum Teil erforscht sind. Meeres- und Luftströmungen der nördlichen Hemisphäre führen all diese Substanzen mit sich gen Norden – und da sie sich in der Nahrungskette immer stärker anreichern, ist die Muttermilch, die dem kleinen Eisbären in der Höhle tief im Packeis geboten wird, nicht mehr nur ein fettreiches und nahrhaftes Lebenselixier, sondern vielfach ein gefährlicher Trank. Extrem hohe Konzentrationen an PCB beispielsweise findet man in den Eisbären rund um Spitzbergen. Dort ist die Sterblichkeit der Jungen höher als in anderen Regionen. In den vergangenen Jahren wurden mehrfach kleine Eisbären als Hermaphroditen mit absonderlichen äußeren Geschlechtsmerkmalen gefunden. Ob dies tatsächlich eine mittelbare Folge der Anreicherung von Umweltgiften ist, lässt sich, wie so oft, nicht mit letzter Gewissheit sagen. Sicher scheint indes, dass der weiße Schein der Arktis trügt: Selbst den kargen Lebensraum der Eisbären im fernen Norden hat der Mensch schon empfindlich gestört.

Angesichts so vieler betrüblicher Schicksale nimmt es kaum wunder, dass ausgerechnet ein Bär zum weltweit bekannten

Zeichen für die Bedrohung von Tieren geworden ist – der schwarz-weiße Panda der WWF (World Wide Fund For Nature). Trotz seiner beachtlichen Größe zählen die Zoologen den Großen Panda zur Familie der Kleinbären oder, lateinisch vornehm, der Procyonidae, zu der im Übrigen Arten wie der Kleine Panda oder Katzenbär, der Nasenbär oder der Waschbär gehören, die auf den ersten Blick eher Katzen als Bären ähneln. Nur der Große Panda mit seinem gedrungenen Körper und dem kurzen Schwanz läßt unmittelbar an Bären denken. Einst waren die auffällig gezeichneten Tiere weit verbreitet im Süden und Osten Chinas, im benachbarten Burma und in Nordvietnam. Heute jedoch leben nur noch rund tausend Exemplare in freier Wildbahn und in einigen zoologischen Gärten, wo man sie unaufhörlich fressen sieht. Denn der Panda, der wie alle Bärenverwandten mit dem Verdauungssystem eines Fleischfressers ausgerüstet ist, hat sich im Laufe der Evolution fast ausschließlich auf eine ganz spezielle vegetarische Kost umgestellt – die Triebe und Blätter der Bambuspflanzen. Weil ihnen die Anpassungen der Vegetarier fehlen und sie nur wenig von dieser Nahrung verwerten können, müssen sie extrem viel davon zu sich nehmen. Versteckt im dichten Gebüsch der Wälder verzehrt ein Panda in freier Wildbahn 15 bis 38 kg Bambus am Tag, bis zu vierzig Prozent seines Körpergewichts. Die zunehmende Einengung und Zerstörung ihrer Lebensräume ist für Pandas die größte Gefahr. Verhängnisvoll wirkt sich insbesondere aus, dass die Tiere oft nicht mehr ausweichen können, wenn der Bambus über weite Flächen zu blühen beginnt – und dann großflächig abstirbt. Häufig bedeutet dies das Ende der Panda-Bären. Bis zu zwanzig Jahre kann es dauern, bis ein junger Bambuswald eine Panda-Population wieder ernähren kann. Inzwischen gibt es in China einige Panda-Reservate, in denen man auch für entsprechende Ausweichmöglichkeiten sorgt. Und so sieht die WWF wieder leichte Hoffnung für ihr Wappentier.

Zudem versuchen verschiedene Tierparks der Erde, durch Züchtung zur Erhaltung der so beliebten Art beizutragen. Dies ist kein einfaches Unterfangen. Weibliche Pandas sind nur zwei bis drei Tage im Jahr zur Paarung bereit, die Säuglingssterblichkeit ist hoch, die Fortpflanzungsrate zählt zu den geringsten im Tierreich. In den meisten zoologischen Gärten ist man inzwischen dazu übergegangen, durch künstliche Besamung der wählerischen Panda-Damen die Geburtenrate zu erhöhen – selbst dies führt jedoch nicht immer zum erwünschten Erfolg. In Berlin beispielsweise wollte es trotz aller medizinischen Nachhilfe fünf Jahre lang mit Yan-Yan und Bao-Bao nicht klappen. Nun wird die Dame Yan-Yan, die 1995 von den Chinesen ausgeliehen wurde, wohl in ihre Heimat zurückkreisen müssen. In San Diego hingegen erblickte Tian Yi, »Geschenk des Himmels«, das Licht der Welt und wurde gebührend gefeiert. Er wird auch ein Geschenk des Himmels für die chinesischen Behörden bleiben, denen der junge Panda wie seine Eltern gehört. Die Kalifornier haben die Tiere nur geliehen –

und überweisen dafür jedes Jahr eine Million Dollar ins Reich der Mitte.

Leichter mit dem Menschen und der durch ihn geprägten Welt scheinen sich allein die Waschbären zu tun, die mit ihrem spitzen Kopf und dem dicken, quer geringelten Schwanz unseren herkömmlichen Vorstellungen von Bären am wenigsten entsprechen – und doch die einzigen Vertreter der Großfamilie sind, die heute bei uns in freier Wildbahn vorkommen. Dort gehörten sie allerdings ehedem gar nicht hin. Als Pelztier aus Amerika eingeführt, haben sich die nachtaktiven Tiere jedoch auch hierzulande ohne natürliche Feinde prächtig eingerichtet. Eine stark wachsende Population in Brandenburg geht auf einige Tiere zurück, die in den Wirren des Zweiten Weltkriegs einer Pelztierfarm entkamen. Eine andere Population in Hessen und Südniedersachsen wurde bewusst ausgewildert – eine Tat, die durchaus umstritten ist. Ähnlich wie Füchse und Marder dringen die possierlichen Tiere inzwischen bis in menschliche Siedlungen vor und machen sich als Nest- und Geflügelräuber unbeliebt. Auch Vorräte und Abfalltonnen sind vor ih-

Waschbär

rer gefräßigen Neugier nicht sicher. In einigen Regionen ihrer amerikanischen Heimat haben sie sich zu einer regelrechten Plage entwickelt. Auch in Brandenburg hat man begonnen, den flinken Räubern intensiv nachzustellen, ja, es ist sogar die Pflicht eines jeden Jägers, Waschbären zu schießen, für die es seit 1997 keine Schonzeit mehr gibt.

Entgegengesetzte Bemühungen gelten heutzutage den großen braunen Verwandten. Bedauernd versucht der Mensch, das Rad der Geschichte ein Stück weit zurückzudrehen, wieder heimisch zu machen, was einst heimisch war. Dabei müssten sich die Naturschützer eigentlich auch fragen und fragen lassen, mit welchem Recht sie letztlich vorgeben wollen, welche Kreaturen in einer veränderten Welt unterstützt und welche in ihrem Expansionsdrang behindert werden. Solche Fragen indes werden bislang kaum gestellt. Durch und durch konservativ, hält man für erstrebenswert, was als »natürlich« gilt – ohne ins Kalkül zu ziehen, wie wandelbar die Natur selber ist. Stolz kann man dabei auch bereits erste Erfolge vermelden: Die zunächst umstrittene Wiederansiedlung des Braunbären in den österreichischen Alpen zum Beispiel stößt mittlerweile auf breite Akzeptanz. Nach gut zehn Jahren des wildbiologischen Projektes sind im Ötschergebiet wieder rund dreißig Bären zu Hause – und auch die Menschen scheinen gelernt zu haben, wieder mit ihnen zu leben.

Ganz selbstverständlich war das nicht. Einer ersten Phase geradezu überschäumender, teddynärrischer Zustimmung zu dem Vorhaben folgte eine Welle der Ernüchterung. In den Augen der Öffentlichkeit mutierte das freundliche Kuscheltier zur blutrünstigen Bestie, vor der nichts sicher schien. Denn nachdem die Tiere sich eingelebt und vielleicht allzu sehr an den Menschen gewöhnt hatten, begnügten sie sich nicht damit, Müllsäcke zu durchstöbern und Forellenteiche zu plündern,

Bienenstöcke auszuräumen und Würste aus den Vorratskammern der Almhütten zu stehlen, sondern vergriffen sich auch an Kaninchen und Schafen. Vehement wurde folglich das Ende des Experimentes gefordert. So rasch aber gaben die Wildbiologen nicht auf – und der Erfolg gibt ihnen Recht. Zwei »Bären-Anwälte« und eine eigene »Bären-Kummer-Nummer« wurden installiert, bärensichere Mülltonnen erfunden und elektrische Zäune rund um Weiden und Imkereien gebaut. Seither sind Schadensmeldungen selten geworden. Die Aufregung hat sich gelegt, die positive wie die negative ist nüchterner Toleranz und Vernunft gewichen. Die Menschen im Ötscherland, hundertfünfzig Jahre lang ohne Erfahrung im Umgang mit wildlebenden Raubtieren, haben verstanden, dass die Neubürger in ihrer Nachbarschaft weder Plüschteddys noch dämonische Bestien sind, sondern ganz normale Bären mit ganz normalen Eigenschaften, auf die man sich einstellen kann. Und damit können nun alle gut leben – die Menschen und die Bären.

Cord Riechelmann

Wie der Bär ins Berliner Wappen kam

Der Berliner Bär heißt Thilo und lebt in einem Zwinger im Köllnischen Park. Er schlendert durch den swimmingpool-hellblau gestrichenen Graben und wirft dabei manchmal seltsam zuckend den Kopf nach hinten, um ihn im nächsten Moment wieder vorne von rechts nach links zu wiegen. Obwohl versichert wird, dass Thilo keinerlei Dressur unterliegt, erinnert das an die typischen zirkusdebilen Hospitalismen von Dressurtieren. Vor dem Zentrum der Außenanlage liegt eine der Bärinnen auf dem Rücken, kratzt und leckt sich genüsslich. Das versöhnt ein wenig, denn das drückt normale Entspannung aus. Ob es sich um Schnute oder Maxi handelt, kann nicht entschieden werden, denn nur zwei der drei hier lebenden Bären sind zu sehen.

Wie der Bär ins Berliner Wappen kam und so dazu führte, dass diese Bären hier leben müssen, ist nicht voneinander zu trennen und gleichermaßen abgründig. Nur steht an diesem Park kein Grand Hotel, sondern das Märkische Museum, vor dem der Roland von Brandenburg straffschlank, ein Schwert gerade nach oben und einen Dolch vor dem Hosenschlitz nach unten haltend, Spalier steht. Als die Ratsherren der jungen Stadt Berlin 1280 beschlossen das Handwerk zu fördern, waren es die Kürschner, die als erste einen ihre Rechte und Pflichten besiegelnden Gildebrief vom Rat der Stadt erhielten. Auf dem Brief befand sich ein Siegel, auf dem zwei gepanzerte Bären neben dem märkischen Adler, dem Machtsymbol der Kurfürsten der Mark Brandenburg, abgebildet waren. Dem Siegel war die lateinische Umschrift »Ich bin das Siegel der Bürger von Berlin« beigegeben. Die 1417 beginnende und bis 1918 andauernde Herrschaft der Hohenzollern in der Mark Brandenburg ließ auch in den veränderten Stadtwappen nie einen Zweifel daran aufkommen, wer der Herr der Stadt ist. Auf dem Siegel von 1460 sitzt dem Bären ein flügelschlagender Adler auf, der sich martialisch im Rückenfell festkrallt. Das mit der Etablierung des Königreichs Preußen Berlin gegebene neue Wappen von 1709 ist zwar etwas moderater, aber nicht weniger prägnant. Auf dem dreigeteilten Schild trägt der Bär unter dem preußischen und brandenburgischen Adler ein goldenes Halsband. Als Ausdruck der neu erworbenen »Freiheit« der Stadtrechte wurde 1883 dem Bären das Halsband abgenommen. Sinnig erhielt das Wappen dafür eine Mauerkrone. Das nach der Abdankung des Kaisers 1920 entworfene Wappen behielt den Bären bei. Es zeigte einen schwarzen Bären mit rausgestreckter Zunge. Und leider erahnt man, wenn es auch nicht zu sehen ist, das Halsband noch immer. So blieb die Republik auch in der Emblematik nur defizienter Modus der Monarchie.

1937, Berlin feierte – wahrscheinlich mit viel Marschmusik und Fackelumzügen – 700 Jahre, erschien in der ›BZ am Mittag‹ ein Leserbrief, in dem es hieß: »700 Jahre tanzt nun der Berliner Bär, und die Berliner sind immer stolz gewesen auf ihr braves Wappentier ... wir Berliner wollen was Lebendiges ... die Einwohner der lebendigsten Stadt ... wir wollen einen richtigen, lebendigen, brummenden, tanzenden, schönen Petz ... dem wir Zucker geben können ... der ans Gitter kommt und die großen Pfoten durch die Stäbe steckt.« Über die grausams-

ten Foltermethoden, mit denen man Bären zum Tanzen bringt, und die Folgen für die Tiere wird an anderer Stelle zu berichten sein. Hier erst einmal weiter, auch wenn dieser Brief schon unverblümt vorwegnimmt, wie man einige Jahre darauf den »russischen Bären« zu behandeln gedenkt. Jedenfalls wurde die ›BZ am Mittag‹ sofort aktiv und schenkte der Stadt einen Bären. Es traf sich gut, dass auch die Schweizer Hauptstadt Bern, damals neben Zürich Hauptaufmarschplatz von mit Deutschland sympathisierenden Schweizern, einen Bären im Stadtwappen hat. So kam es, dass aus dem berühmten Berner Bärengraben Berlin zum Geburtstag noch einer geschenkt wurde.

Es dauerte eine Weile, bis ein geeigneter Platz gefunden wurde. Am 17. August 1939 um 15 Uhr war es so dann so weit. Der Bärenzwinger im Köllnischen Park wurde eröffnet, und zu den beiden Geschenken gesellten sich noch zwei Bären aus dem Zoo. Der Zwinger verstand sich nicht als zoologische Einrichtung, sondern als Ausdruck der Verbundenheit der Stadt mit »ihren« Bären. Am Ende des Zweiten Weltkriegs wurde der Zwinger weitgehend zerstört, und die einzige Überlebende, die Bärin Lotte, zog in den Zoo um, wo sie gesegnet alt 1971 starb. Statt die Zerstörung als Zeichen zum Ende zu nehmen, wurde die Anlage 1949 wieder eröffnet und Grundstein von Thilos Schicksal. Es erstaunt überhaupt nicht, dass auch die Wiedervereinigung der Stadt 1990 nicht dazu genutzt wurde, endlich die Ente zum Wappentier der Stadt zu machen. Enten haben nämlich gegenüber Bären den Vorteil, dass sie scharenweise freiwillig in die Stadt kommen, nicht eingesperrt werden müssen und sich auch durch Folter nicht zum Tanzen zwingen lassen.

Heiner Boehncke

Gummibärchen

Fangen wir mit der Wahrheit an. Als Hegel einmal Gäste zum Abendessen in seiner Berliner Wohnung versammelt hatte und diese angesichts der vielen köstlichen Speisen Beißhemmungen zeigten, meinte der Philosoph: »Es ist alles zum Verzehr bestimmt, tun wir ihm sein Schicksal an!«

Auch das Schicksal des Gummibärchens ist sein Verzehr. Und wie! Mehrere Zivilisationsstufen werden in regressivem Schlingen zurückgelassen, wenn die gierig zitternde Hand in die Tüte greift, die in Verzehrstarre verharrenden Bärchen zu Kauklumpen zusammendrückt und besinnungslos in den Mund stopft. Ohne mühsamen Aufbau einer Suchtkarriere kann mit dem Bärchenfressen erst innegehalten werden, wenn die Tütenpopulation restlos vertilgt ist.

Der Bärchen-Schicksalsvollzug musste so drastisch wie exakt wiedergegeben werden, weil die wuchernde Gummibärchen-Mythologie – wie sie sich im Internet spreizt – so tut, als wenn die aufs Bärchen zielende Begierde so eine Art Denklust wäre und nicht dem Schlingtrieb gehorchen würde.

Andererseits reicht es jetzt mit der Wahrheit. Finden wir uns damit ab, dass die Menschen vor dem Verzehr dieser oder jener liebenswürdigen Objekte endlose Diskurse absondern über pure Süßigkeit, täppisch-kraftvollen Bärenschnickschnack bis hin zu exzentrischen Geschichten über Gummibärchen, die in die Arktis geflohen sind, um nicht gefressen zu werden, dort dann aber erfroren sind. Dabei ist alles natürlich noch viel schwieriger. Der eigentliche Braun-, Grizzly- oder Eisbär kann sich schon nicht entscheiden, ob er vom Menschen aus gesehen verwandt, kultivierbar, putzig liebenswürdig oder brutal mit tödlichem Tatzenhieb daherkommen soll. Das arme Gummibärchen indes ist ein überzüchtetes Ambivalenzobjekt. Die uralte Bärenangst soll es bannen; Reste steinzeitlichen Jagdzaubers lasten auf ihm. Statt von wilden Bären geschlagen und aufgefressen zu werden, atomisiert der homo timidus die Originalbestie zu gerade noch sichtbaren Diminutivtieren, die er mühe- und gefahrlos vertilgen kann.

Damit er, der Angst-Esser, nicht als schlapper Schisshase dasteht, der sich über süße, kleine, wehrlose Ersatzbären hermacht, dichtet er dem Bärchen fantastische Fähigkeiten an. Als »ursus latex« tapst es durch die Fachliteratur, ist intelligent bis gerissen, versteckt sich manchmal in toten Winkeln; kann sogar die Farbe wechseln, wenn es sich ganz doll, damit es nicht gefunden wird, der Umgebung anpasst.

Am psychologischen Institut der Universität Heidelberg hat sich ein interdisziplinär arbeitender Forschungsschwerpunkt zum Gummibärchen – auch »ursus cummus parvus« – mit einigem Erfolg etabliert. Aus der irritierenden Vielfalt der Befunde soll hier nur ein besonders gravierender Erkenntnisgewinn aufgeführt werden: »Gummibärchen sind aufgrund ihrer einzigartigen kognitiven, emotionalen und motivationalen Voraussetzungen herausragende Löser komplexer Probleme.« Na gut. In letzter Zeit geriet das Heidelberger Institut ein wenig in die Kritik, weil es Thomas Gottschalk zum Honorarprofessor ernannt hat. Und abschließend darf doch wohl festgestellt werden, dass die Bärchen bei aller Intelligenz nicht verhindern können, dass sie aufgefressen werden. Zum Beispiel von Thomas Gottschalk.

Kehren wir zur Wahrheit vom Anfang zurück. Das oder die Gummibärchen existieren, bis sie ihr Schicksal ereilt, nachdem sie aus einer heißen Ursuppe aus Zucker, Glukosesirup, Dextrose, Zitronensäure, Farbauszügen, Karamelsirup und pflanzlichem Öl verdickt und geformt wurden – mit einem industriellen Euphemismus »Fruchtgummi« genannt –, nachdem sie also mit 330 kcal pro 100 g als Süßware hergestellt worden sind, existieren sie zum Zwecke von Transport, Lagerung und Erwerb in teilweise durchsichtigen Tüten. Damit sie in ihrer qualvollen Enge nicht sowieso kaputtgehen, werden sie mit gelbem Bienenwachs überzogen. Vielleicht heißen sie deshalb »Goldbären«. Obwohl sie meistens gelb, orange, grün, durchsichtig oder sogar rot sind.

Mag das einzelne Bärchen, das ehrlich gesagt bei genauerer Betrachtung ziemlich bescheuert aussieht, mag es einzeln noch einigermaßen rührend und in gewisser Weise hilflos wirken, überkommt uns angesichts eines eingetüteten Bärenhaufens, in dem etliche Kerle siamesisch Rücken an Rücken kleben, ein gelinder Ekel, der nur durch die Gier überwunden wird.

Hans Riegel aber, der 1921 in Bonn die zunächst »Tanzbären« genannten Fruchtgummis auf den Markt brachte, wusste, was Kinder froh macht, und sein Sohn, wiederum Hans, weiß es bis heute. Die Erwachsenen in den mehr als zehn Haribo-Fabriken des Familienunternehmens (Bruder Paul macht auch mit) werden gern mit Kindern verwechselt, die zum Beispiel überhaupt keinen Betriebsrat brauchen. Immerhin: das firmenpoetische Kürzel »Haribo« haftet dem Gummibärchen so fest an, dass viele meinen, alle Bärchen hießen so mit Nachnamen. Thomas Gottschalk, der Werbeheros des Haribo-Clans, wird man wahrscheinlich bald Thogo Haribo nennen dürfen.

1971 geschah etwas sehr Merkwürdiges. Eine Bärenkonzentration ungenannten Ausmaßes erschütterte die Fachsüßwelt. In Mainbernheim/Unterfranken hatte die Firma Bären-Schmidt seit 1863 Lebkuchen und andere Dauerbackwaren produziert. Da schluckte Gummibärchen-Haribo den großen Schmidt-Bären. Verkehrte Welt. Genauso krumm wie das »Riesengummibärchen« (60 g, 12 cm groß, 1,80 DM pro Stück), das in Berlin zu haben ist. Wie, zum Teufel, kann ein Bärchen riesig sein?

Pfiffig jedoch war Dietmar Bittrich. Er erfand das »Gummibärchen-Orakel« (»Sie ziehen fünf Bären und Sie wissen alles über Ihre Zukunft«), machte daraus ein Buch und lacht sich des enormen Erfolges wegen in die Tatze. Menschen aber, die sich von Bären-Lampen beleuchten lassen, denen als Schlüsselanhänger Hartgummibärchen dienen und die in Bärchenbettwäsche schlafen, solche Menschen lassen sich von obigem Orakel gewiss auch sagen, wann sie dereinst an einem quer liegenden Gummibärchen ersticken.

Erich Kästner übrigens konnte ohne sie nicht schreiben, Heinz Rühmann ohne sie nicht leben und Kaiser Wilhelm II. ließ sie sich ins holländische Exil schicken. Aber, Hans Traxler, erlauben Sie eine abschließende Frage: »Wo haben Sie die blauen Bärchen gesehen, die in Ihren wunderbaren Büchern vorkommen?«

Hilde Weeg

»Position 2311 – Minky-Zotty, abgeliebt, ohne Limit«

Zu Gast bei einer Spielzeug- und Teddyauktion in Mönchengladbach

»Mutti, jib mich mal de Katalooch rübber.« – Mutti hat gerade das Auto abgeschlossen und kramt auf dem Bürgersteig kopfüber in einer großen schwarzen Einkaufstasche. »Hast du den net einjepackt oder wat? Der is nich da!« Mutti ist ratlos. »Isch hab den doch heute gar nit in der Hand jehabt, den hattest du doch de janze Zeit!« Muttis Begleiter ist gereizt. Mutti schließt noch mal das Auto auf, sucht Ablage und Rückbank ab, den Vordersitz, taucht wieder auf, zieht Schultern und Augenbrauen hoch und die Mundwinkel nach unten, schließt das Auto wieder ab. Kein Katalog. Rheinische Empörung auf beiden Seiten. Lautstark und ausladend gestikulierend bewegen sich beide auf ein Gasthaus zu, »Haus Baues«, mitten in einem Wohngebiet in Mönchengladbach. Ein typisches Landgasthaus – mit großem Saal, Restaurant, Kneipenraum mit Bar. Kein großer, klotziger Bau, sondern ein amöbenhaftes Gebäude, das nach allen Seiten mehrfach erweitert und umgebaut wurde, der Höhe und dem Baustil der umliegenden Wohnhäuser angepasst. Zweimal im Jahr wird es zur Pilgerstätte für Spielzeug- und besonders für Teddybärensammler. Horst Poestgens hält hier im Frühling und im Herbst Spezialauktionen ab. »Mutti« und Begleitung müssen sich im Vorraum einen neuen Katalog kaufen. Ärgerlich ist das nicht nur, weil der 35 Mark kostet, sondern auch deshalb, weil die beiden alles, was für sie heute interessant werden könnte, fein säuberlich in ihrem alten Exemplar angestrichen hatten.

Die meisten, die hierher kommen, sind Stammkunden von Poestgens, die sich auch untereinander kennen, wenigstens vom Sehen. Man nickt sich zu. Poestgens kennt die Kundschaft ebenfalls. Den Auktionsbetrieb hat er vor ein paar Jahren von seinen Schwiegereltern übernommen. Der Katalog ist gut 200 Seiten stark und so schwer wie ein Aktenordner. Die Kompetenz und die Liebe zum Detail, mit der Horst Poestgens und seine Frau Birgit den Katalog erstellen, haben die Auktionsgemeinde schnell wachsen lassen. Auf Farbfotos auf schwerem weißem Hochglanzpapier sind die Exponate zu Gruppen und kleinen Spielszenen arrangiert. Miniaturbären sitzen auf dem Rücken von Räderbären oder werden von großen Teddys im Arm gehalten. Hell- und dunkelbraune Plüschtiere klettern auf Strohballen, fahren Spielautos oder bedienen einen Feuerwehrlöschzug. Die Objekte werden gefeiert – und ihr Zustand ist gut erkennbar, was zwar nicht die Vorbesichtigung an den Vitrinen ersetzt, aber doch Appetit macht. Mittlerweile kommen die Sammler auch aus Belgien und Holland angereist oder bieten aus den USA, aus Japan oder England per Telefon oder schriftlichem Gebot mit. Der Katalog ist zweisprachig in Englisch und Deutsch verfasst und wird weltweit versandt.

Der Saal von »Haus Baues« fasst dreihundert Personen, nach den Vorbesichtigungen ist er pünktlich zum Auktionsbeginn um 12 Uhr rappelvoll. Ein Saal mit dem Charme der siebziger

Jahre. Eine Fensterfront läßt Tageslicht herein, das später von neonhellen Deckenleuchten verstärkt wird. Lange kaffeebraune Tischreihen laufen auf hellem Linoleum auf eine gut einen Meter hohe Bühne zu, die mit dunklen, schweren Vorhängen verkleidet ist. Ein Raum, in dessen dezent gemusterten Tapeten und weißen Fenstervorhängen die Atmosphäre von Hunderten von Karnevalsversammlungen, Hochzeitsfeiern und Bürgervereinssitzungen unauslüftbar festhängt. Die Luft ist zu trocken, überheizt, ist von Beginn an gefüllt mit Kaffee- und Würstchengeruch. Wer rauchen will, muss raus, aus dem Vorraum quillt blauer Dunst. Kellner in Grün-weiß-schwarz, gerüstet mit Gesundheitsschuhen und dicken, schwarzen Geldtaschen, die beim Schnappverschluss-Öffnen aufspringen in viele Wechselgeldgräber, flitzen und schwitzen durch die Stuhlgassen. Vor der Bühne stapeln sich alte Plüschtiere in allen Formen, Farben und Größen, heute sind es über 1200 »Positionen«, die Horst Poestgens aufrufen wird. Er thront in der Mitte der Tischreihe vor dem Vorhang, links und rechts neben sich Helferinnen und Helfer, die den Saal nach Mitbietern absuchen, mit den Kunden am Telefon verhandeln oder die Plüschtiere nach der Liste auf- und abräumen. Man duzt sich, trägt legere Kleidung. Ein familiär wirkendes, eingespieltes Team. Statt einem hölzernen Auktionshammer nimmt Poestgens seinen Kugelschreiber und läßt ihn nach jedem »...und zum Dritten« kurz auf das Mikrofon sausen, so daß es in allen Saallautsprechern knackt.

Um 12 Uhr haben die meisten ihre Bieternummer abgeholt, sind ausgerüstet mit Katalog und Stift und können ablesen, wann »ihre Nummern« dran sind. Es geht los mit Position 2000, »Teddy aus den 40/50er Jahren, Sonneberg, Baumwollplüsch goldgelb, bespielter Zustand«, mit 70 Mark Limit im Katalog angegeben, Poestgens erteilt den Zuschlag für 100

Mark. Die nächsten 20 Positionen sind Teddys, mehr oder weniger alt, mehr oder weniger »bespielt« oder »abgeliebt«, wie es im Fachjargon heißt, keine Raritäten darunter. Preise zwischen 20 und 300 Mark werden dafür erzielt, manche Positionen werden oL – ohne Limit – angeboten, ab 5 Mark geht es los. Der Star des Tages, ein Steiff-Teddybär von 1904, 50 cm groß, zimtfarbener Mohairplüsch, in sehr gutem Zustand, steht mit einem Mindestgebot von 25 000 Mark im Katalog. Die Dramaturgie des Nachmittags sieht vor, dass er frühestens in drei Stunden dran sein wird, wenn die Bieter warm gelaufen sind.

Zu Beginn geht das allgemeine Saalgemurmel erst mal weiter. Wer kurz davor ist, dass eine »seiner« Nummern aufgerufen wird, hört auf zu reden oder zu kauen. An den mehr oder weniger gespannten Gesichtern und an der Art, wie fest die Bietnummern in der Hand liegen, kann man das Interesse wahrnehmen und die Nähe zum Wunschobjekt. Poestgens fackelt nicht lange, um vielleicht doch noch ein höheres Gebot zu erzielen. Er ist um die 40, dunkelblond und eher drahtig. Er wirkt fast schüchtern da oben, ist kein großer Entertainer, aber einer, der was von der Sache versteht, der den Markt und die Preise kennt und die meisten Gesichter im Saal vor ihm. Er schont die Stimme, weiß, wie lang die Strecke ist, die er noch vor sich hat. Die Eltern von Birgit, seiner Frau, haben vorher vor allem Puppenauktionen veranstaltet. Die gibt es auch noch, aber die großen Erfolge für das Auktionshaus haben die Plüschtiere gebracht. Birgit ist elegant gekleidet im kurzen schwarzen Samtkleid, eine sympathische und wach blickende, Zupacken geübte blonde Frau mit durchsetzungsgewohnter Stimme, sie schaltet hinter den Kulissen. Sie organisiert den Katalog- und Nummernverkauf, managt das Auf- und Abräumen, hat von der Kasse bis zur Bühne alles im Blick. Stetig werden Plüschtiere vom einzelnen Hamster bis zu Konvoluten von zehn Tieren eine kleine Treppe die Bühne hochgetragen, für das Publikum hochgehalten und nach dem Bieten wieder heruntergebracht. Eine kleine Helferkarawane von drei bis vier Leuten ist ständig treppauf, treppab unterwegs. Die verkauften Positionen kommen in die eine Ecke, die Retouren in eine andere, in die dritte die Positionen für Kunden, die telefonisch oder schriftlich gesteigert haben.

Birgit Poestgens kennt die Unterschiede zwischen Puppen- und Teddykäufern. »Das sind zweierlei Menschen«, überlegt sie mit leichtem rheinischen Einschlag in der Sprache, »die Puppensammler gehen mehr nach der Marke, die wollen ihr Kapital anlegen. Die Teddysammler verlieben sich. Die haben eine Beziehung zu ihrem Teddy, die kriegen Namen, die gehören mit zur Familie. Denen ist die Marke nicht so wichtig, verlieben tun die sich auch in einen No-Name-Teddy.« Und: »Teddysammeln boomt seit Jahren. Da wachsen auch junge Sammler nach. Erst kommen die und gucken nur, und dann bieten sie mit. Bei den Puppensammlern ist das komplexer. Die bleiben mehr unter sich.«

Im Saal sind rund 70 Positionen schon versteigert. Langsam schälen sich jetzt die Bieterpersönlichkeiten heraus. Den größten Anteil im Saal stellen die »Gesichtchensammler«, wie sie Birgit Poestgens auch beschrieben hat. Die, die sich verlieben. Wie Regina, die kleine silberne Teddys in den Ohrläppchen stecken hat und vor Aufregung schon gerötete Wangen. »Ob ich den haben will oder nicht, das sehe ich an dem Blick. Bei manchen, da schnackelt's einfach. Die blinzeln einen an, da ist so richtig Gefühl drin in dem Blick, und dann ist es passiert.« Regina ist der Typ Mensch, der die Jungen von Nachbars Katze aufnimmt, schon weil sie so tapsig herumtorkeln und so süß miauen. Gesichtchensammler sind zu 95 Prozent Frauen. Sie haben noch den eigenen Teddy aus der Kindheit zu Hause, meistens im Bett. Total abgeliebt natürlich, meistens mit selbst gehäkelten Klamotten über dem dünn gestreichelten Plüsch, mit neuem Stoffbezug über den verschlissenen Filzpfoten. Sie würden ihren Teddy nie, nie, nie verkaufen oder ihn auch nur dadurch beleidigen, dass sie ihn aus dem Bett auf ein Regal verbannen – auch wenn der Partner noch so sehr mault. Teddy hat bei ihnen Daseinsrecht auf Lebenszeit. Das Sammeln fängt meistens damit an, dass sie als Teenager plötzlich die Gesichtchen der Teddys für sich entdecken, welche sie geschenkt bekommen, und auf die Suche gehen nach mehr, nach noch bedürftigeren, noch süßeren Gesichtchen, die zu ihnen sprechen. Alle Tiere haben selbstverständlich Namen, mit ihnen wird täglich gesprochen. In ihren Sammlungen finden sich oft völlig verwahrloste Teddygestalten von geringem Sammel-, aber hohem emotionalem Wert, denen ein Auge schief sitzt, die Füllung herausquillt oder die von Motten zerfressen sind. Nicht selten fangen die Gesichtchensammler an, selber Teddys zu basteln.

Wer es mit einer Gesichtchensammlerin aushält, wird meistens zum unfreiwilligen »Vernunftsammler«, zu 95 Prozent Männer. Sie ziehen mit ihren Partnerinnen über Teddy-Messen und Auktionen, schon deshalb, um nicht alleine zu Hause zu bleiben und um die schlimmsten finanziellen Eskapaden zu verhindern. Wenn die Gesichtchensammlerin verbissen die Bieternummer hochhält, obwohl jemand anderes für »ihren« Teddy schon mehr geboten hat als ihr Kontostand erlaubt, zieht er ihren Arm wieder herunter und zeigt ihr im Katalog ein Teddygesicht, das Trost verspricht und auch, nicht so teuer zu werden. Er macht sich mit den Qualitätsmerkmalen vertraut, verhindert den Einkauf von mottenverseuchten Exemplaren, weil er, statt ins Gesicht, auch auf die Pfoten schaut. Ihm gelingt es, immer wieder auch solide einzukaufen mit der Aussicht auf Wertsteigerung. Der Vernunftsammler ist auch oft mit einer Puppensammlerin liiert, und weil Puppen und Bären in Ausstellungen so gut zusammen passen, übernimmt er den Bärenkäuferpart. Die Devise »um jeden Preis« kennt er nicht, er lässt sich auch im hohen Fieber nicht infizieren.

Das kann dem »Vollständigkeitssammler« nicht passieren, zu 99 Prozent Männer. Er hat sich für Teddys entschieden, weil der Markt überschaubar schien und sichere Wertsteigerungen versprach. Es hätten auch Matchboxautos oder Apothekerfläschchen sein können. Der Vollständigkeitssammler ist schon mehrfach bis an den Rand völliger physischer, psychischer und finanzieller Erschöpfung getragen worden und auch darüber hinaus. Er hortet alle Kataloge der großen Spielwarenhersteller, derer er habhaft werden kann. Er kennt die Sortimente, wann wer was hergestellt hat und aus welchen Materialien. Er ist im Urteil fast unfehlbar, erkennt Über- und Unterbewertungen sofort, weiß die Marktdaten und die Wertsteigerungsraten für einzelne Exemplare über Jahre hinweg. Die Auktionatoren kennen ihn. Um unerkannt mitzubieten, hält er nur ganz vorsichtig seine Nummer hoch oder reckt das Kinn vor. Wer wissen will, was die Objekte wirklich wert sind, muss sich in seine Nähe setzen und genau beobachten. Aber er ist krank, sein Hobby ist längst zur Sucht mutiert. Er verkörpert den Sammlertyp, der am wenigsten Freude hat an seiner Sammlung, an seinem Leben. Wenn er einzelne Exemplare in seinen mottensicheren Vitrinen anschaut oder auch nur die in klimatisierten Räumen aufgebahrten, sorgsam beschrifteten Kartons betrachtet, sieht er nicht mehr, was er schon hat, sondern, was ihm noch fehlt. Und er hat Angst. Vor Dieben. Vor Motten. Davor, dass die Werte verfallen, noch bevor er einen Gewinn abgeschöpft hat. Davor, dass seine Erben unwissende Ignoranten sind, die sein Lebenswerk verhökern. Davor, dass sein Keller überschwemmt oder sein Dachboden von Mäusen heimgesucht wird. Sich auch nur kurz von seiner Sammlung zu trennen, ist ihm unmöglich, eine Auktion zu verpassen, undenkbar. Wann er den letzten Urlaub gemacht hat, weiß er nicht mehr. Manchmal, in seinen klaren Momenten, ist ihm bewusst, dass er sein Ziel, alles zu haben, nie erreichen wird. Der Vollständigkeitssammler lebt als einsamer, ungeselliger Mensch, der seine Triumphe für sich allein und kurz feiert, immer auf der Hut davor, dass andere ihn aushorchen oder den wahren Wert seiner Sammlung entdecken könnten.

Das genaue Gegenteil davon ist der »Clubsammler«. In dieser Kategorie finden sich etwa gleich viele Männer und Frauen. Sie sind gemütliche, glückliche Menschen, vor allem, wenn sie sich in Herden bewegen können. Ihr Hauptinteresse ist, mit Gleichgesinnten zu teilen – ob Erfolge oder Misserfolge, ist dabei zweitrangig. Sie reden ausführlich über jedes Objekt, besprechen Preise, beratschlagen Anlagestrategien. Auf den genauen Wert ihrer Sammlung kommt es ihnen nicht an. Wohl aber darauf, bei allen Auktionen teilzunehmen. Sie verabreden sich zu den Highlights der Saison, schlendern gelassen über Messegelände und durch Ausstellungshallen und verpassen wegen einem interessanten Plausch über einer guten Tasse Kaffee schon mal die Versteigerung von einem Objekt, das sie eigentlich erwerben wollten. Sie gehören zu den Erwachsenen, die begeistert zugeben, dass mindestens ein Kind in ihnen stecken geblieben ist. Auf die Frage, warum sie gerade Teddys sammeln, fragen sie lächelnd zurück: »Warum nicht?«. Teddys sind kuschelig und weich, Grund genug, sie auch zu sammeln. Der größte Zuwachs von Teddysammlern rekrutiert sich aus dieser Gruppe – Rechtsanwälte, Ärztinnen oder Kfz-Mechaniker –, die sich strahlend zu ihrem Hobby bekennen und

stolz Teddyschlipse oder Teddyjacken tragen. Kopfschütteln und Unverständnis ihrer Umgebung für solch kindliche Begeisterung tropft an ihnen ab wie Wasser von Entenfedern.

Natürlich gibt es Mischformen von solchen Sammlern – zum Beispiel Clubsammler, die durchaus ernsthaft die Marktentwicklung verfolgen und die nie die Geheimnisse ihrer Sammlung preisgeben würden. Oder Gesichtchensammlerinnen, die zu Süchtigen werden und die plötzlich ein bestimmtes »Steiff«-Sortiment aus den zwanziger Jahren komplett erwerben wollen, koste es, was es wolle.

Unter den 300 Sammlerinnen und Sammlern im Saal sind alle Typen in Rein- und Mischformen vertreten. Poestgens ist mittlerweile bei Position 2400, ein »Teddy-Clown, Steiff-Replika, mit Knopf, Fahne und Schild, beide in unbespieltem Originalzustand«. 30 Mark Mindestgebot, für 130 Mark ergeht der Zuschlag. Die Repliken, Reproduktionen von alten Steiff-Teddys, erzielen keine hohen Preise. Spitzenwerte erreichen nur sehr gut erhaltene, alte Exemplare. Das Vorhandensein von »Knopf, Schild, Fahne« kann einen Preisunterschied von mehreren 1 000 Mark ausmachen. Gemeint sind damit die Steiff-Originalinsignien, die immer seltener intakt sind, je älter das Sammelobjekt ist. An der Beschaffenheit und der Gestaltung vom »Knopf im Ohr« mit der Produktfahne und einem kleinen Pappschild, das meistens auf die Brust aufgenäht wird, lässt sich das Produktionsjahr genau ermitteln. Steiff-Tiere – von Spinnen über Wollvögel bis zu Löwen und Giraffen – sind über Jahre hinweg die Auktionslieblinge geblieben, besonders die Teddys, da können Schuco- oder Hermann-Bären, auch in sehr gutem Zustand und aus gleichen Jahrgängen, nicht mithalten.

Die Sammelwelle begann vor etwa 20 Jahren in den USA. Dort, wo auch die Teddybegeisterung zu Anfang des Jahrhunderts den deutschen Spielwarenherstellern gute Geschäfte einbrachte. Auf den »Toyfairs«, den Spielwarenauktionen und -messen, wurden alte Plüschtiere aus Europa plötzlich hoch gehandelt, dabei nahmen von Anfang an die Tiere mit dem Knopf im Ohr einen besonderen Platz ein. Ein kleines Steiff-Eichhörnchen wurde damals auf deutschen Flohmärkten noch für 2 Mark verscherbelt, in den USA brachte es bereits 150. Bei

Teddybären sprach man in den USA bald von »Bärenpersönlichkeiten«, ihre Lebensläufe wurden zurückverfolgt, ganze Familiengeschichten recherchiert. Berühmt wurde zum Beispiel »Happy«, ein Steiff-Bär in seltenem zweifarbigem Mohairplüsch aus dem Jahre 1926, den der amerikanische Sammler Paul Volpp seiner Frau Rosemarie 1989 zum Hochzeitstag schenkte. Er zahlte bei Sotheby's 55 000 Pfund dafür. Die Volpps sind weltweit wohl die berühmtesten Sammler. 1979 fiel Rosemarie Volpps Blick in Kalifornien auf »Amelia Earhart«, einen nach der berühmten Fliegerin benannten hellblauen Nylonplüschbär, in den sie sich verliebte. Das war der erste Bär in ihrer Sammlung, nur 12 Jahre später besaß sie bereits über 5 000 Exemplare.

Auch in Japan greift das Fieber um sich. Für einen sehr gut erhaltenen »Teddy-Clown« zahlte ein Japaner 160 000 Mark bei einer von Steiff organisierten Auktion im Sommer 1999. Die nach alten Mustern gefertigte Kopie eines ganz ähnlichen Modells ist bei der Mönchengladbacher Auktion nur 130 Mark wert.

Klaus, ein fachkundiger Auktionsbesucher und Beobachter, runzelt die Stirn. Er glaubt nicht daran, dass so viel Geld von Privatsammlern gezahlt wird. »Das sind Geschäftsleute«, sinniert er, »und das rechnet sich für die auch. Wenn Sie so einen teuren Teddy kaufen – das ist die billigste PR, die man sich für ein großes Kaufhaus vorstellen kann. Der Teddy-Händler Ian Pout zum Beispiel, der hat den roten ›Alfonzo‹ gekauft. Berühmter roter Steiff-Bär von 1908, den Steiff extra im Auftrag eines russischen Großherzogs für dessen Tochter gefertigt hat. Bei Christie's oder Sotheby's hat der vor zehn Jahren dafür 36 000 Mark gezahlt und den dann ausgestellt. Sie, soviel Presse können Sie gar nicht kaufen, wie der gekriegt hat. Und als das in allen Blättern gedruckt war, hat der bei Steiff eine

Sonderedition von roten Alfonzo-Teddys bestellt, und die verkauft er dann alle selber. Bingo!«

An diesem Samstagnachmittag bieten vor allem private Sammler mit. Nach zwei Stunden, kurz vor einer für Poestgens wohlverdienten Pause, sind die teuersten Teddys des Tages dran. Aufgerufen wird Position 2490, »Original-Teddy Steiff 1926, mit Knopf und Rest roter Fahne, Mohair rosé, extrem seltener Charakterteddy in gutem Erhaltungszustand, Limit 14 500 zum Ersten …«. Im Saal ist es ruhig, viele blicken sich um. Der Szenekenner Klaus raunt: »Da hat sich mal einer völlig dran verkauft und kriegt ihn jetzt nicht mehr los, jedenfalls nicht zu dem Preis.« Klaus behält Recht. 14 500, das Limit, wird heute nicht geboten, der Teddy geht zurück. Zehn Positionen später »zwei Teddybabys, Steiff 1948, mit Knopf, Schild und Fahnenrest, für zusammen 14 000 Mark Mindestgebot zum Ersten…«. Jetzt kommt etwas Bewegung in den Saal, es gibt einzelne Mitbieter im Saal, andere am Telefon. Jetzt sind nur die Profis im Rennen. Es wird präzise geboten, aber so schnell und unauffällig, dass fast nur die Beobachter auf der Bühne sehen, wie sich die Nummern heben oder senken. »Ich sehe 14 500 …, 15 000…, 15 000 zum Ersten, zum…15 500, 15 500 zum Zweiten …, 15 500 und am Telefon 16 000. Wer bietet mehr als 16 000? 16 000 zum Ersten, zum Zweiten…, 16 000 zum Dritten«, plack, der Kugelschreiber saust ans Mikrofon und irgendein Mensch am Telefon hat zwei Teddybabys in maisfarbenem und dunkelbraunem Kunstseidenplüsch ersteigert, die er oder sie noch nicht einmal leibhaftig sehen konnte. Und direkt danach wird der Star des Abends aufgerufen, Nummer 2501, »ein absolutes Traum-Sammlerstück!« Der zimtfarbene Steiff-Bär von 1904 in einem Zustand, als sei er soeben von Steiff geliefert worden, nur »fünf stecknadelgroße Löcher im Filz« laut Katalog. 25 000 Mark Mindestgebot. »26 000 sind bei mir. Es müssten 29 000 Mark geboten werden, meine Damen und Herren. 29 000 Mark ..., wer bietet 29 000 Mark? 29 000 werden am Telefon geboten. Wer bietet mehr? 29 000 Mark zum Ersten und ... 29 000 Mark zum Zweiten ... 29 000 Mark, 29 000 Mark zum Dritten und damit geht der Original Steiff-Bär von 1904 an einen Herrn am Telefon. Ich bitte Sie bei dieser Summe doch um einen kleinen Applaus!« Enttäuschung im Saal darüber, dass es so schnell ging, dass man nicht sehen konnte, wer denn nun das zimtfarbene Prachtstück mit nach Hause nimmt, aber einen Applaus ist es trotzdem wert. Pause.

Neben der Tür zum Vorraum sitzt Marianne, über 70 Jahre alt, Rentnerin, kurzsichtig, zuckerkrank. Sie ist alleine gekommen, redet mit niemandem. Als sich während der Pause alle an ihr vorbei in den Saal oder aus dem Saal schieben, bleibt sie einfach sitzen, die Handtasche auf dem Schoß, beide Hände auf der Handtasche. Sie hat Poestgens ihren eigenen Kinderteddy übergeben. Ihren Kindern, sagt sie, sei ihr Teddy nichts wert. »›Der Gute‹ heißt der, der liegt ja zu Hause nur rum und verstaubt. Viel wert ist er nicht, der ist richtig gebraucht. Aber wenn ich mal nicht mehr lebe«, sagt sie mit fester Stimme, »will ich nicht, dass er im Müllcontainer landet. Ich will wissen, dass er gut untergebracht ist.« Sie bleibt so lange, bis ihr Teddy verkauft ist.

Um 18 Uhr sind die Vitrinen leer, an der Kasse im Vorraum bezahlen die letzten Besucher ihre Ware und nehmen sie in Empfang. »Mutti« und ihr Begleiter sind schon in der Pause verschwunden. Sie hat ihr Gesicht glücklich in das dünne Fell eines ziemlich ramponierten großen Teddys gedrückt, er hat ein Konvolut Plüschtiere, einen Plastiksack mit mehreren Exemplaren in der einen, »Mutti« an der anderen Hand. Sie scheint ein Fall von Gesichtchensammlerin zu sein, er der unfreiwillige Vernunftpart dazu. Sein Gesichtsausdruck verrät, dass der Nachmittag gekostet hat, aber nicht soviel, dass die Laune gleich mit verschwunden wäre.

Poestgens ist heiser, aber mit dem Ergebnis zufrieden. Weil er Markt und Preise kennt, handelt er mit seinen Auftraggebern die Preise so aus, dass noch Luft zum Bieten bleibt, dass die Leute noch mitgehen können. »Das bringt nichts, wenn Sie zu hoch einsteigen. Da hat keiner was davon, die Ware geht dann nur zurück an die Kunden.« Den höchsten Preis, den er einmal bei einer Auktion erzielt hat, waren 60 000 Mark in Hennef, vor ein paar Jahren. »Aber das«, weiß er, »das war heute nicht drin.«

Wie viele Teddysammlerinnen und -sammler es in Deutschland gibt, ist nicht bekannt. Es müssen Hunderttausende sein, wenn man all die Spielzeug-, Teddy- und Puppenmessen zusammenzählt, auf denen sie sich tummeln. Beinahe jedes Wochenende werden in allen Regionen größere und kleinere Börsen, Sammlertreffs, Machertreffs veranstaltet. Neuerdings gibt es auch die Möglichkeit, im Internet mitzusteigern und anzubieten. Jeder kann sein Gebot eintippen und abschicken. Aber der Kitzel fehlt, die Saalatmosphäre, das Sehen und Riechen und vor den Vitrinen stehen und in die Plüschgesichter gucken. Und warten, ob sie blinzeln. Und das Blinzeln, wenn es denn passiert. Fotos im Internet können das nicht ersetzen.

Neben den Sammlerauktionen werden zunehmend auch Teddyauktionen als Benefizsammlungen veranstaltet. Weil Teddys Sympathieträger sind, wird auch von den Sammlern Gutmenschentum erwartet. Und es funktioniert. Immer wieder spenden die großen Plüschtierfirmen und die Künstlerinnen und Künstler Bären für eine Benefizauktion. Das Geld, das bei den Versteigerungen erzielt wird, geht an notleidende Menschen in der ganzen Welt. Oder auch an Artgenossen: die Zeitschrift ›Bär-Report‹ zum Beispiel sammelte für die Unterbringung der alten Zirkusbärendamen »Muffy« und »Willy« in Darmstadt. Sie sollen ihren Lebensabend statt in einer Schrebergartensiedlung bald in einem bärengemäßen Gehege verbringen können.

Dorothea Friedrich

Er will dir seine Tatze reichen

Bären sind Spielzeuge – oder etwas Wildes

Bären. Tapsige Riesenviecher mit der banalen Kraft des Faktischen, die ungeschlacht hilflos jeden totschlagen. Nichts für ungut! Große starke Kerle, dem Menschen unheimlich und darum schleunigst in demütigende Niedlichkeit zurückgestuft: Teddybären als einzige bärige Lebensform, mit der Machos klarkommen können. Ein Abklatsch sind sie, diese Knuddelbären, Abklatsch großer mächtiger Männer, volumiger Typen, gigastarker Überbrüder, die von Frauen heißer begehrt sind, als es jedem schmächtigen Highbrow genehm sein kann.

Ja, von großen Exemplaren träumen Frauen, vom massigen Zlatko oder vom stampfenden Anton aus Tirol, denn was ist der Bär anderes als »eine Kreuzung zwischen einem König und einem Riesenmurmeltier« (Marian Engel), in sich selbst ruhend und mit den eigenen Vorzügen prahlend, ohne rot zu werden – wie auch, unter so viel Fell. Der Bär, einmal geblendet und als Tanzbär missbraucht, ein andermal als ungelenkes Monster verhöhnt und vom weißen Teil der Menschheit fast ausgerottet, die kein Erbarmen kannte und nicht einmal daran dachte, sich beim getöteten Bären zu entschuldigen, wie es der weise Indianerhäuptling einst empfahl. Bären entzünden die Fantasie des Menschen, der in seiner jäh erwachenden Panik das Ungetüm schnell vermenschlicht. Unverkennbar in der Kitkat-Werbung vom Fotografen, der tagelang vor dem Eingang der Pandahöhle im Zoo lauert, um ein Foto zu schießen. Dann dreht sich der Trottel um, weil er seinen Schokoriegel knabbern will – und just in diesem Augenblick taucht das Pandapärchen hinter ihm auf, tanzt den irrsinnigsten Synchrontanz miteinander und verschwindet wieder. Ja, Bären sind zwar rhythmische, aber unberechenbare Geschöpfe, gleichzeitig voller Sehnsucht nach dem harmonischen Leben, das ihre desolaten Körperproportionen in Einklang bringen soll mit ihrer reinen Seele. Natürlich sind es Bären, die in der Schokoladenwerbung durch das Fenster der Almhütte starren und sich dem Traum hingeben, auch einmal Mensch sein und mitnaschen zu können.

Dem Zauber des Bären können solche Vorurteile nichts anhaben. Der Dichter liebt ihn. Die Kinder ebenso. Doch es ist eine Mär, geboren in den Hirnen von Kinderbuchautoren, die am Reißbrett statt im Kinderzimmer stehen, dass jedes Kind seinen ganz persönlichen Teddybären brauche. Die Helden der Kinder sind andere: gestern Ninjaturtles, heute die nicht nur Waldorfeltern höchst verdächtigen Pokémons. Ansonsten sind Kindern Teddybären so fremd wie Holzspielzeug oder Fingerpuppen, in den Augen der Kids eine rührende Idee von Erwachsenen, kitschiger Pädagogentrash. Teddybären kommen in TV-Serien einfach zu selten vor, sieht man von den Sonderfällen Pu und Paddington einmal ab. Maunzende und verwirrend demente Teletubbies sind die Trostspender der Zukunft, und sie haben genau das gleiche Kindchenschema, nach dem für unsere Vormütter und -väter die Teddys funktionierten – große Augen, großer Mund – und noch dazu diese hübsche Antenne auf dem Kopf, die allerdings unschwer auf das hohe

Alter der Teletubby-Erfinderin schließen läßt (weit über fünfzig, denn Antennen kennt ein Kind von heute aus eigener Anschauung so wenig wie eine Kuh, die nicht lila ist).

Wer sich dennoch täuschen lässt und ernsthaft an die solide Knuffigkeit von Bären zu glauben beginnt, für den wird die Lektüre von William Kotzwinkles ›Ein Bär will nach oben‹ zum traumatischen Erlebnis. Identitätstausch! Der Bär wird zum Menschen, nein, nicht ganz, zum Mann, und der Mann zum Bär – eigentlich unerfüllbare Sehnsüchte, von William Kotzwinkle meisterlich befriedigt. Der Bär – ein Charakterschwein, ein Schläger und Sodomit!

Sollte auch William Kotzwinkle ein Opfer der an amerikanischen Universitäten wie eine Seuche grassierenden Pflicht sein, jeder Student müsse einmal im Leben William Faulkners ›Der Bär‹ gelesen und – womöglich auch verstanden haben? Ein Heiligtum der amerikanischen Literatur. ›Ein Bär will nach oben‹ als Rache am Meister?

Ikone Faulkner würde damit nicht zum ersten Mal von einem Kollegen geschändet. Der Dichter drehte sich im Grabe herum, käme ihm dort Marian Engels Novelle ›Bär‹ zu Ohren. Was Lou aber auch mit dem Bären treibt! So etwas tut man einfach nicht mit einem würdevollen Tier. Oder überhaupt mit einem Tier. Obwohl. Auch Faulkner hatte so seine bizarren Ideen, wenn er den schwachsinnigen Ike Snopes sich in eine Kuh verlieben lässt. Mit allem Drum und Dran, wenn diese Kuh auch sicher nicht den überwältigenden Moschusgeruch an sich hatte, dessen bärigem Zauber die Archivarin in Marian Engels Geschichte so willig verfällt. Davon später mehr, wie Robert Walser sagt, der zum Thema ebenfalls beizutragen hat.

Die amerikanische Literaturwissenschaftlerin Mary Allen stellt fest: Die Tiere in Faulkners Werk gehören zur Männergesellschaft. Sie verschaffen ihren menschlichen Geschlechtsgenossen – weibliche Tiere sind selten – eine Fluchtmöglichkeit vor den Frauen, eine reinigende Erlösung von sexueller Hörigkeit, die die Männer verdammt. Klingt aufregend. Ist aber für die amerikanischen Collegeboys und -girls keine reinigende Erlösung vom intellektuellen Pflichtprogramm. Darum hallt es heute im Internet wider von trostlosen Hilferufen: »Verzweifelt gesucht: eine Zusammenfassung von William Faulkners ›Der Bär‹!« Faulkner hat es seinen Lesern nie einfach gemacht, und es ist die Vergeltung des zunächst wenig gelesenen, dann mit dem Nobelpreis versehenen Schriftstellers, dass ›Der Bär‹ in den Staaten nationale Pflichtlektüre geworden ist; als man ihm die Nachricht vom Gewinn des Nobelpreises überbringen wollte, war Faulkner gerade auf der Jagd in Mississippi. Eine Mär um Inzest, schwarze und indianische Vorfahren, die auf rassisch unsaubere Weise in die weiße Familie geraten sind, all das Gedöns von Jagd, Caramba, Caracho, Schnaps und toten Hunden, ja, so etwas könnte sich ganz süffig lesen, doch Faulkner hüpft souverän zwischen den Perspektiven hin und her und lässt seine Leser schwindelig zurück. Tatsache ist: Der gejagte Bär ist schlau und verstümmelt, was seinem Ansehen eher noch nützt, denn dieser Krüppel schafft es, seine Verfolger jahrelang an der Nase herumzuführen. Isaac »Ike« McCaslin lernt perfekt, ihn bis in die hintersten Winkel des Waldes zu verfolgen, wie es ihn sein Lehrmeister Sam Fathers gelehrt hat: ohne Flinte nämlich, da der Bär sonst schnell Lunte röche. So gelingt es dem Jungen, den Bären auf einer Lichtung zu stellen und zu beobachten: »Die Wildnis verschmolz zur Einheit. Sie drängte lautlos zusammen und verdichtete sich – der Baum, der Busch, der Kompass und die Uhr blinkten, wo ein Sonnenstrahl auf sie traf. Dann sah er den Bären. Er trat nicht heraus, in Erscheinung: er war einfach da, unbeweglich, gebannt unter der grünen und sonnenfleckigen heißen Windstille des Mittags.« Uhr und Kompass hatte der Junge zuvor auch noch abgelegt, um nicht »unrein« in den verfilzten Busch einzudringen.

Später macht der Junge dem Bären mit Sam seine Aufwartung im Wald. Sie marschieren unauffällig los, »als gingen sie zu einer Verabredung mit einem anderen menschlichen Wesen«. Der Junge mit einem Hund im Arm, dem er zunächst einen Sack über den Kopf gestülpt hat, und sein Mentor Sam mit zwei Hetzhunden an der Koppelleine. Der Bär stellt sich mehr aus Neugier, weil er dem Gekläff des kleinen Hundes, des »Rattenfängers«, nicht widerstehen kann, und richtet sich am Stamm einer Zypresse auf. Der kleine Rattenfänger reißt sich los und will den Bären angreifen. Diesmal hat der Junge die Flinte dabei, doch er wirft sie schleunigst weg, um die kleine Töle zu retten.

Kugeln schaffen den Bär nicht, aber Lion und Boon. Lion, der Riesenhund, der in einer vierzehntägigen Hungerkur gezähmt wurde und selbst Bärenkräfte besitzt, die ihn kleinere Hunde mit seinen Pranken wie lästige Mücken zur Seite fegen lassen, Lion fasst ihn, und sein menschlicher Gefährte Boon kommt ihm mit dem Messer in der fast aussichtslosen Auseinandersetzung mit dem Pelzmonster zu Hilfe. Boon bespringt den Bären und sticht ihn im dramatischen Nahkampf ab. Bär und Hund sterben, Boon überlebt.

So weit, so gut. Aber was hat das alles zu bedeuten? Die Amerikaner rätselten lange. Brian Bedard glaubte, 1996 in der ›South Dakota Review‹ das Rätsel gelöst zu haben: »Keine Jagdgeschichte. Kein historischer Exorzismus. Kein mittelalterlicher Mythos. Keine Allegorie auf den Garten Eden. Kein Initiationsritual aus Urzeiten. Keine Hetzschrift gegen die Sklaverei. Nicht der Untergang des Südens. Keine Geschichte von Rache. Keine Ode an Ursa. Kein kubistisches Schneeornament. Kein Porträt von Christus als brauner Bär. Keine Voodoopuppe für die industrielle Revolution. Keine umgemodelte Version der Pawlowschen Hunde. Die traurige Wahrheit: ›»Der Bär‹ ist ein Nachruf auf den letzten amerikanischen Republikaner.«

Und hier Brian Bedards untrügliche Beweise: »1. Der Bär ist ein krasser Individualist. 2. Der Bär ist ein jähzorniger Patriarch, der es seit langer, langer Zeit gewöhnt ist, die Dinge auf seine Weise zu erledigen. 3. Der Bär glaubt an die Staatenrechte. 4. Die Frau des Bären bleibt im Schatten. 5. Der Bär hat an Verbänden jeglicher Art null Interesse. 6. Der Bär hat verschiedene Mordanschläge ungewaschener und derangierter Demokraten überlebt.« Amerikanische Studenten können aufatmen. Dies ist besser als jede kurze Zusammenfassung.

Marian Engels Heldin Lou ist aufgewachsen »mit dem heiteren Maunzen von Beatrix Potter, A. A. Milne und Thornton W. Burgess (...), aber sie hatte keineswegs das Gefühl, dass die Schreiber oder Käufer jener Bücher wussten, was Tiere wirklich waren. (...) Sie vermutete, dass sich auch in ihnen verschwommene, flackernde, vage psychische Prozesse abspielten.« Vermutet das nicht auch jede Frau von jedem Mann? Eben. Und da sie mit wenig Feedback vollkommen zufrieden ist, störte sich Heldin Lou auch nicht daran, sich vom Direktor ihres Archivs einmal wöchentlich über den Tisch werfen (in der Stadt) und nun vom Bären bis zum Frohlocken lecken zu lassen (in ihrer Sommerresidenz in der Wildnis). Natürlich hat sie, ganz Frau, dafür gesorgt, dass das romantische Ambiente stimmig ist bis ins kleinste Detail. Der Bär wurde zuvor von ihr massiert, »seine Haut hing lose an seinem Rücken, und sein Fell war dick, dick, dick und begann dank der Bäder wieder zu glänzen«. Und später ertappt sie sich dabei, »wie sie mit ihren bloßen Füßen über seinen dicken, weichen Pelz strich, ihn mit ihren Zehen erkundete, herausfand, dass er Tiefen um Tiefen hatte, Schichten um Schichten«. Am nächsten besonders gemütlichen Abend flackert das Feuer im Kamin, Lou zieht sich aus und legt sich neben den Bären. Der Bär wendet sich ihr zu und zeigt große Geschicklichkeit. Am Ende leckt ihr der Bär sogar die Tränen fort. Schmutz und Schmerz in der Seele. Am anderen Tag hat Lou ein schlechtes Gewissen.

Sie hatten lange gebraucht, sich aneinander zu gewöhnen. Am Anfang war wenig. Eine Frau, die auf der Treppe saß und Brot mit Speck aß. Und drüben in seiner Hütte angekettet war der Bär. »Kein Teddybär, nicht Pu der Bär, nicht der Koalabär aus der australischen Fluglinienwerbung. Ein echter Bär. (...) Man hat bestimmte Vorstellungen von Bären, dachte sie: sie sind Spielzeuge, oder etwas Wildes, Menschenfresserisches in den Wäldern, das dir in einiger Entfernung folgt, sich auf deine Fährte setzt, um dich schließlich zur Strecke zu bringen. Aber dieser Bär ist eine Schlafmütze.« Nicht ganz. Bär unternimmt dann doch beim gemeinsamen Bad in der Bucht einen spielerischen Mordversuch, dem sie nur knapp entkommt. Keuchend ringt sie nach Luft, doch Bär steht schon neben ihr und schüttelt sich, um dann die nasse Frau wie zum Vorgeschmack kommender Genüsse gründlich abzulecken. Da kann sie es noch nicht wirklich auskosten, zu viel Angst steckt ihr in den Knochen. Und zu viel Erinnerung an einen Typ, den sie einmal von der Straße auflas und der sich als ein Mann herausstellte, »der nicht gut war«. Den ultimativen Geschlechtsakt verweigert ihr der Bär, obwohl Lou nicht abgeneigt war, nachdem er seine körperlichen Vorzüge unversehens vor ihren staunenden Augen entfaltet hatte.

Lou setzte in die Tat um, wovon Schneeweißchen und Rosenrot nur träumten. Der Bär, der die beiden Mädchen in Grimms Märchen im Winter besucht, ist äußerst gutmütig. Die Mädchen dürfen ihn zausen und zupfen, sie setzen ihm ihre

Füßchen auf den Rücken, walgern ihn hin und her und geben es ihm kräftig mit der Haselrute.

Die Vorstellung, ein Bär zu sein, in dessen Pelz ein zierlicher Frauenfuß herumschmeichelt, hatte Goethe schon 1775 ganz kirre gemacht, als er ›Lilis Park‹ dichtete. Kannte er das Grimmsche Märchen? Vielleicht, aber vielleicht haben die Brüder Grimm ihrerseits das Füßchen von Goethes Lili zum Anlass genommen, das märchenhafte häusliche Glück des verzauberten Bären besonders gemütlich auszuschmücken. Zottig, tapsig, knollig findet Lili ihren Bären, der unter ihrem Streicheln im Paradies zu sein glaubt. »Und *sie* – sieht ganz gelassen drein. / Ich küss ihre Schuhe, kau an den Sohlen, / So sittig, als ein Bär nur mag ...« Goethe dachte beim Dichten an Lili Schönemann, der er davongelaufen war, worüber er Johanna Fahlmer brieflich unterrichtet: »Soviel diesmal vom durchgebrochnen Bären, von der entlaufenen Katze!« Später war er gar nicht mehr mit seinem kleinen Werk zufrieden: »... weil es jenen zarten empfindlichen Zustand nicht ausdrückt, sondern nur mit genialer Heftigkeit das Widerwärtige zu erhöhen und durch komisch ärgerliche Bilder das Entsagen in Verzweiflung umzuwandeln trachtet.« Er wollte im Alter von seinen jugendlich-skurrilen Triebtätchen nichts mehr wissen.

Knapp ein Dutzend Jahre nach Goethes Tod besang Heinrich Heine seinen ganz eigenen Bären, ›Atta Troll‹, einen Tanzbären, dessen Frau sich zum Zorn des Bärenführers machmal etwas danebenbenimmt, ihren Bärenfrauenstolz vergisst und den Cancan tanzt. Atta Troll gelingt die Flucht aus der Gefangenschaft in die Pyrenäen, wo er von den politischen Verhältnissen in Deutschland berichtet. Doch die Liebe zu seiner Cancan tanzenden Mumma wird ihm zum Verhängnis: Als er ihre Stimme zu hören meint, stürzt er aus der sicheren Höhle ins Verderben. Gerade dass er seinen Kindern noch einen reizenden Traum erzählen konnte: »Aus den Ästen dieses Baumes / Troff herunter weißer Honig, / Glitt mir just ins offne Maul, / Und ich fühlte süße Wonne. / Selig blinzelnd in die Höhe, / Sah ich in des Baumes Wipfel / Etwa sieben kleine Bärchen, / Die dort auf und nieder rutschten. / Zarte, zierliche Geschöpfe, / Deren Pelz von rosenroter / Farbe war und an den Schultern / Seidig flockte wie zwei Flüglein. / Ja, wie seidne Flüglein hatten / Diese rosenroten Bärchen, / Und mit überirdisch feinen / Flötenstimmen sangen sie!« Klingt ein bisschen wie die Glücksbärchis in der Gewalt von Courths-Mahler, doch warum soll ein wilder Bär nicht mal sentimental sein sollen?

Außerdem wusste Heine, dass sein »kleines humoristisches Epos (...) großen Lärm machen« würde, und so kam es dann auch.

Der Bär, die Liebe und der Tod: die Dichter brauchen es. Und wenn's nur Mutterliebe ist. Heinrich von Kleist schrieb die Geschichte ›Außerordentliches Beispiel von Mutterliebe bei einem wilden Tiere‹, in der die Besatzung einer Fregatte, die auf dem Weg zum Nordpol ist, aus purem Übermut zwei junge Eisbären abknallt und auch die Mutter tötet, die ihre abgeschossenen Kinder nicht zurücklassen wollte. Sie »heulte den Mördern einen Fluch zu, den diese mit einer Musketensalve beantworteten«. Ein schreckliches Rührstück, obwohl Kleist sich zu betonen beeilt, dass die Bärenjungen schon fast so groß wie ihre Mutter waren. Man stelle sich dieselbe Geschichte vor mit den knuddeligen Eisbärkinderchen aus der Coca-Cola-Werbung! Eine solche Lektüre könnte man keinem Dichter verzeihen.

›Ein Bär will nach oben!‹ William Kotzwinkle, der Erfinder von E.T., hat den Aufstieg eines Bären beschrieben, der einem Literaturprofessor das fertige Manuskript eines Romans wegstiehlt und zum gefeierten Bestsellerautor wird. Kotzwinkle fallen eine Menge hübscher Reaktionen der übersättigten New Yorker Literaturschickeria auf den Bären im Anzug ein, der auf die Frage nach seinem nächsten Buch zu antworten pflegt: »Ich habe noch keins gefunden.« Als er im Restaurant genießerisch mit seiner rotsamtenen Zunge über seine Lippen leckt, ist ein weiblicher Gast entzückt: »Ein richtiger Mann!« Die Bärenzunge weckt offenbar in allen Frauen die wildesten Sehnsüchte. Doch leider hat der Bär seine Bedürfnisse nicht immer fest im Griff. Immer wieder juckt ihn sein Pelz so sehr, dass er sich auf den Boden wirft und herumrollt. Fassungslos sehen ihm sein Verleger und die PR-Frau dabei zu. Als sich der Bärendichter, der sich nach einer seiner Lieblingsspeisen Hal Jam nennt, verlegen wieder vom Boden erhebt, flüstert der Verleger der Pressefrau zu: »Eine Spur von Autismus, tapfer durchgestanden. Wäre das ein Ansatz für dich?« Alle bewundern seine äußere Ähnlichkeit mit Hemingway, und als Hal Jam in einem Restaurant Lachs erschnüffelt, ist sein Agent hingerissen. »›Rohes Weibchen. Viele Eier. Zwischen meinen Zähnen.‹ Der Bär klopfte an seine Fangzähne. Mein Gott, dachte Boykins, er ist wirklich ein zweiter Hemingway.«

Doch den Bären der Menschheit als vollwertiges Mitglied zuzuführen – das gelingt erst Zou Zou, der Filmagentin. Um des Bären Unterschrift unter die Filmrechte zu bekommen, baggert sie ihn an. »Sie schlug die Beine übereinander und ihr Rock rutschte hoch bis zur Mitte der Oberschenkel (…) ›Sie haben sicher schon bemerkt, wie hingerissen ich von Ihrem Werk bin.‹ Der Bär schaute auf ihre Beine hinunter. Schade, dass sie sie rasierte. Er schaute wieder zu ihr hoch. ›Lassen Sie es wachsen‹, sagte er.« Zou Zou ist von seiner Antwort, die ihr philosophisch vorkommt, begeistert. Sie glaubt, er wolle die Beziehung zwischen ihnen beiden langsam wachsen lassen. Dazu sei keine Zeit, bescheidet sie ihn, und das Nächste, was der arme Kerl sieht, ist eine enthaarte Menschenfrau in der Unterhose. Weil er nichts fühlt, fühlt er sich als Versager. Doch wie jeder echte Mann in einer solchen Situation schiebt er gleich der Frau die Verantwortung zu. »Menschenfrauen wussten einfach nicht, wie man einen Bären in Fahrt bringt.« Zou Zou schafft das dann aber doch. Ermattet liegt sie in den Kissen, sehr angetan von des Bären Geräuschen, seinem Gegrunze und Gebrüll. »Und seine Technik war so vollkommen anders.« Das nächste Mal tun sie es im Taxi, und der Bär notiert wohlwollend die eigene Weiterentwicklung. »Ein wichtiger Meilenstein des Menschseins lag hinter ihm: Er hatte es mehr als einmal pro Jahr gemacht.« In der Disco, in die ihn Zou Zou dann abschleppt, macht der Bär eine bemerkenswert gute Figur: Die uralte Eleganz des Tanzbären siegt. Das hingerissene Publikum hält ihn gar für einen argentinischen Tangokönig. Der Professor, dem er das Buch gestohlen hat, macht derweil eine Entwicklung in die entgegengesetzte Richtung durch. Ein heftiger Beischlaf in einer fürs erste gemeinsame Mal unter Menschen eher unüblichen Stellung, noch dazu mit einer Frau, deren Behaartheit und ungezähmter Körpergeruch den Wissenschaftler bisher eher abstieß – und ab geht's in den Winterschlaf in der Bärenhöhle. Von da an sprießt sein Fell so unbekümmert, dass er sich dreimal am Tag rasieren muss. Den Urheberrechtsprozess zwischen Bär und Professor um das Buch gewinnt der Bär haushoch; der Professor kommt den befremdeten Prozesszeugen unseriös vor, wild – wie ein Bär eben. Offensichtlich hatte er nicht genug Enthaarungscreme benützt, wie es ihm sein Anwalt dringend empfohlen hatte.

William Kotzwinkle landete mit seinem Bären einen neuen Bestseller in Amerika und anderswo; ein anderer Kollege, dessen Bestsellerruhm ebenfalls mit Bären begann, wollte später nichts mehr von den Viechern wissen. So wichtig seien sie für sein Werk nicht, bemerkte John Irving im Interview beleidigt. »Ich finde nicht, dass es in meinen Romanen so viele Bären gibt. Eigentlich doch nur in ›Garp‹ und im ›Hotel New Hampshire‹.« Den Erstling schon vergessen!? ›Lasst die Bären los!‹ Aber das war ein Flop, und an Flops wollen sportliche Typen wie Irving nicht gern erinnert werden. Die Bären in seinen Büchern seien eben darauf trainiert, etwas zu sein, was sie in Wahrheit nicht seien. Genau wie Menschen. »Die Vorstellung vom Menschen als einem dressierten, oft schlecht dressierten Wesen hat mich immer interessiert. Das Schreiben geht auch in diese Richtung. Ein Autor zu sein ist gar nicht so viel anders als ein Bär auf einem Einrad.« Im ›Hotel New Hampshire‹ hilft ein mäßig erfolgreich dressierter Bär einen antijüdischen deutschen Gast abzustrafen. Der Deutsche will sich auf Freuds Motorrad setzen – nicht *der* Freud, aber auch ein Wiener Jude –, nicht ahnend, dass der Bär des Motorradbesitzers dieses Fahrzeug niemals losknattern lässt, ohne selbst darauf Platz nehmen zu wollen. Erschrocken beobachtet die Frau des Deutschen, wie der Bär Witterung aufnimmt und ihrem Mann hinterherrast. Mit dem Ruf »Gott! Welche Wildnis!« fällt sie in Ohnmacht. Der arme Bär findet später ein unrühmliches Ende, als er von einem Kind erschossen wird, das ihn für freilaufendes Wild hält. »Ich war immer der Meinung«, erklärt uns John Irving, »dass man das Interesse des Publikums wecken kann, wenn man den Romanfiguren ein Tier zugesellt. Jeder achtet auf das Tier. So begreift er auch den Menschen. Das ist zwar dumm, aber es ist wahr.« Und wenn die Romanfigur verschwindet, ist das Todesurteil über das Tier gesprochen. Suzie, in der Verfilmung von Nastassja Kinski gespielt, darf bleiben, weil sie das Bärenkostüm am Ende ablegt, das sie zum Selbstschutz trug, um die vermeintliche Hässlichkeit ihres Körpers auf die Spitze zu treiben.

Ernster als John Irving nahm der niederländische Autor Anton Koolhaas seine Tierschilderungen. Einen Bären beschreibt er kongenial in seiner Erzählung ›Kälte‹. Koolhaas gelingt die schwierige Balance, das Verhalten des Tieres nachvollziehbar zu machen, ohne seinen Helden allzu sehr zu vermenschlichen; Jean-Jacques Annaud ist dieser Gefahr in seinem Film ›Der Bär‹ von 1988 um ein verwaistes Bärenjunges erlegen. Koolhaas' Bär Burlót freut sich an seiner Gestalt, in der er sogar die Ursache für sein Glücksgefühl beim Töten sieht. »Wir sind (…) schön grausam. Unsere Hässlichkeit kümmert uns herzlich wenig, obwohl nicht zu leugnen ist, dass ich – wie übrigens alle Bären – außerordentlich schmale und zierliche Hüften habe. Das ist nicht zu unterschätzen, es ist überaus angenehm. Möglich, dass die Freude, mit der ich hin und wieder oder, geben wir es ruhig zu, reichlich oft töte, dabei eine Rolle spielt. (...) Wem's angenehm um die Lenden ist, der beißt mit größerer Leichtigkeit zu als der, der dort außer Taubheit nichts fühlt.«

Doch Burlóts Beziehung zu seinem Weibchen Róbra ist gestört. Sie nimmt ihm den begehrten Platz im Hintergrund der Höhle weg. Früher störte ihn das nicht, doch jetzt quält ihn ständig sein kalter Hintern. Die Tragödie nimmt ihren Lauf. Burlót begegnet im Zustand dieser grundsätzlichen Unzufriedenheit einer Frau aus dem Tal und er tötet sie. Eine fast unerträglich spannende, lange Szene, in der Koolhaas die Gefühle der Frau beschreibt, die sich an das Bärenfell in ihrer Hütte erinnert, auf dem sie mit ihrem Mann schlief oder mit ihren Kindern spielte, denen sie dann die Bedeutung der Bärenpranken als Werkzeuge erläuterte. Jetzt weiß sie, dass sie selbst deren Opfer werden wird, doch der Bär zerfleischt sie nicht – er bricht ihr einfach das Genick.

Im Tal wartet die Familie auf die Rückkehr der Mutter, der Vater macht sich auf die Suche. Er findet die tote Frau, die der Bär auf ein Bäumchen inmitten der Felsen geworfen hat, und interpretiert die Spuren richtig: Es war ein Bär. Die Tragödie der Menschen wiederholt sich bei den Tieren. Burlót hat sich in der Nacht, in der der Mann aufbricht, um den Tod seiner Frau zu rächen – die Menschen haben in dieser Geschichte keine Namen, nur die Tiere –, gegenüber seinem Weibchen Róbra durchgesetzt und den Platz hinten in der Höhle erobert. Der Mann tötet die Bärin statt des eigentlich »Schuldigen«, und Burlót wird gefährlicher werden denn je – alles töten, was er finden wird, ist sein fester Vorsatz. Eine aufwühlende Geschichte, in der die tierische Gewalt des Bären und damit er selbst ernst genommen wird.

Doch auf freier Wildbahn treffen westeuropäische Menschen den Bären eher selten. Maria Beigs ›Hermine‹ begegnet als Kind einem Bären, mit dem Zigeuner von Hof zu Hof ziehen. Das Kind findet ihn schön, bewundert seinen Tanz. Die Unfreundlichkeit, mit der die Zigeuner das Tier behandeln, erscheint dem Mädchen normal. Doch plötzlich holt der Bär aus und schlägt nach Hermine. Er erwischt aber nur ihre Schürze. Die Mutter stößt das Mädchen und ihre Geschwister ins Haus, die Zigeuner verprügeln den Bären mit einer Eisenstange. »Es waren die letzten Bärentreiber, die man in der Gegend sah.«

Die Werbung hat sich schnell des Bären bemächtigt, der mit seiner ebenso massigen wie eleganten Gestalt, seiner Fähigkeit, fast wie ein echter Mensch auf zwei Beinen zu stehen, der ideale Prototyp für Projektionen aller Art ist. Einer der Lieblinge der Werbemacher: der Eisbär, dem schon Alfred Polgar seine Anerkennung dafür aussprach, sich inmitten des Schnees ein weißes Fell zugelegt zu haben, während die treudoofen Seehunde dunkel blieben, »sich also dem Jäger schwarz auf weiß präsentieren und deshalb massenhaft erschlagen werden. Nur ganz wenige von ihnen finden als Ballspieler in Varietés einen Posten.«

Umso besser beschäftigt sind die Bären. Die Werbeaussage bleibt allerdings manchmal auf der Strecke. Jüngstes Beispiel: die Hankook-Reifen-Werbung. Weshalb schreit und gestikuliert der Eisbär in der Wildnis so Grauen erregend, während ein langweiliger Mann in einem langweiligen Auto durch eine schöne Landschaft fährt, voller Grün, in der ein Eisbär wirklich nichts verloren hat? Die beiden begegnen sich tatsächlich nicht; am Ende fährt das Auto lediglich an einem Bildschirm am Straßenrand vorbei, auf dem sich der Eisbär weiter echauffiert. Der wilde, freie Eisbär – wäre er eine zu machtvolle Konkurrenz für die geschniegelten, blasierten Jüngelchen der Werbeagenturen? Kein Zufall, dass der Bär in der Werbung im Gegensatz zur Literatur keinem Macher als adäquater Sexualpartner für Vollblutweiber einfällt. Nur für Puschkin-Wodka (»Für harte Männer«) war der Bär nicht bedrohlich, sondern einer, wie alle Männer gern einer wären. Es gibt aber auch die Sehnsucht in die andere Richtung: Zeigt nicht die Vorliebe des struppigen Harry Rowohlt für den Kurzhaarbären Pu ein tief sitzendes Verlangen nach einer zivilisierteren Daseinsform?

Als Kuschelweich-Bären müssen kleine Bären Werbung für Weichspüler machen, als putzige Milchkannenleerer werden sie auf grünen Wiesen ausgesetzt und agieren mit einer Feinmotorik, die ihrer Plumpheit Hohn spricht. Die Verhöhnung des starken Kerls als niedlichem Teddy greift hier wieder besonders. Werbefilmer, die so leichtfertig sind, echte Bären zu einem Dreh im Auto mitzunehmen, tun das in der Regel kein zweites Mal: Unablässig übergeben sich die Bären ohne Rücksicht auf die Polster.

Der Bärenmarken-Bär! 1912 wurde er als Hommage an den Firmensitz Bern erfunden und machte eine rasante Entwicklung durch. Die erste Abbildung zeigte eine Bärenmutter mit ihrem Jungen, dem sie die Flasche gab, doch Mutter und Kind fletschten sich dabei so grimmig an, dass einem die Lust nach Kaffeesahne vergehen konnte. Aber vielleicht gefiel so was Martialisches der neutralen Schweiz? Doch schon 1914 änderte sich das: Zwei fast wie kleine Sarotti-Neger lustig mit den Augen rollende Jungbären stritten in aller Freundschaft um die Konservendose mit der Milch. 1936 trug der Bärenmarken-Bär ein sportliches Outfit und trank aus der Dose, und nach dem Krieg wurde sein Gesicht immer dümmlicher und infantiler.

Infantilität lastet auch schwer auf Balu, dem ›Dschungel-

buch‹-Bären, der bei Disney zum Piloten und fragwürdigen »Herrn der Lüfte« mutiert. Im Original von Rudyard Kipling ist er ein brutaler Erzieher, der das Wolfskind Mowgli immer wieder durchprügelt. Erst als Mowgli von den Affen entführt wird, macht er sich Vorwürfe: »O Mowgli! Mowgli! Warum habe ich dich nicht vor dem Affenvolke gewarnt, anstatt dir den Kopf zu zerschlagen?« Erzieherisch wirkt auch Yogi-Bär, der in amerikanischen Nationalparks auf die Waldbrandgefahr hinweist. Der arme Fozzie-Bär gehört zu den Muppets, gilt ihnen aber als Außenseiter, der ständig ausgelacht und gemobbt wird.

So bleibt es Robert Walser überlassen, zum Feingefühl gegenüber dem Bären an sich aufzurufen: »Er will dir seine Tatze reichen, du ziehst dich unwillkürlich zurück. Bedenkst du nicht, dass du ihn mit deiner Furcht verletzen könntest?«

Hilde Weeg

»Bären sind irgendwie immer in unserem Hirn«

Ein Besuch bei der Teddyexpertin und -sammlerin Christel Pistorius

Unten wohnen »Pistorius«, oben wohnt »Emil Bär« – erste Hinweise auf das, was sich hinter diesen Mauern und den Fensterfronten verbirgt, verrät die Klingel. Der Ort: ein modernes, helles Einfamilienhaus am Rande einer Neubausiedlung in der Nähe von Tübingen. »Wenn Sammler kommen, macht natürlich Emil Bär die Tür auf«, erzählt Christel Pistorius, »die sind dann hellauf begeistert.« Mir öffnet die Gastgeberin. Das Haus, die Holzmöbel, die Vorhänge – alles ist neu, aufgeräumt, sauber. Das Ehepaar Rolf und Christel Pistorius ist schließlich erst vor wenigen Monaten hier eingezogen. Er ist heute Nachmittag noch bei der Arbeit, sie hat sich für unser Gespräch Zeit genommen. Christel Pistorius sieht deutlich jünger aus als Mitte 50. Das kann an ihrem offenen Blick liegen oder an ihrem kurzen, schwarz getönten und toupierten Haar, aber vor allem wohl an ihren flinken, behenden Bewegungen, mit denen sie mir die Jacke abnimmt und sie auf den Bügel hängt, ein Glas Wasser eingießt, schnell in der Küche verschwindet, um einen Tee zu kochen. Sie plaudert mit angenehm tiefer Stimme, leicht schwäbischem Einschlag, flüssig. Schließlich erzählt sie ihre Geschichte und die Geschichten, die sich rund ums Teddysammeln ranken, nicht zum ersten Mal. Sie und ihr Mann zählen zu Deutschlands wohl bekanntesten Plüschtiersammlern, Spezialgebiet: Teddys. Vor 16 Jahren fing das an: »Ich ging mit meinem Mann über einen Flohmarkt, damals war er mein Verlobter. Eigentlich wollten wir altes Geschirr kaufen, wir wollten uns eine Wohnung einrichten, und dann sah ich auf einem Flohmarkttisch ein Bambi. Es regnete und das Bambi, ein kleines Steiff-Reh, war nass. Das Gleiche hatte ich in meiner Kindheit bekommen, und ich hab dann den Händler gefragt: ›Was kostet das denn so?‹, und dann sagt der Händler: ›Ja, das kostet 40 Mark‹. Das Bambi war ziemlich kaputt und lädiert und ich dachte noch so ›Meins sieht schöner aus‹ und ›Wo ist meins eigentlich geblieben, das wird noch bei meiner Mutter sein‹. Die hat mir die Spielzeuge verwahrt. Ich konnte es also gar nicht fassen, dass der Händler 40 Mark für dieses alte, nasse Bambi wollte, und da sagt er: ›Ja wissen Sie nicht, dass es Sammelgebiet ist, dass die Leute alte Steiff-Tiere sammeln‹. Da hörte ich also zum ersten Mal davon.«

Zwei Jahre später platzte ihre Zweizimmerwohnung aus allen Nähten, da wohnte das Paar schon mit 2 000 Plüschtieren zusammen. Das Haus bietet nun genug Platz für die – mittlerweile über 3 000 – plüschigen Mitbewohner.

Viele alte Steiff-Tiere konnten sie und ihr Mann noch Mitte der achtziger Jahre in Geschäften kaufen, deren Inhaber nichts vom Sammelboom wussten und die ihnen die verstaubten Tiere gerne für ein paar Mark das Stück abgaben. Solche Goldgräberzeiten sind vorbei. Heute überschätzen im Gegenteil viele Teddybesitzer den Wert ihres Tieres, haben nur gehört, dass es für alte Teddys viel Geld geben soll und ziehen bei den Expertensprechstunden von Christel Pistorius enttäuscht wieder ab. Wie viel die Pistorius-Sammlung jetzt wert ist, darüber will sie lieber nicht reden – Geld ist ohnehin unter Sammlern ein Tabu. Das teuerste Exemplar, das sie je gekauft haben, war ein Steiff-Teddy mit einer komplizierten Mechanik aus den ersten Jahren der Spielwarenfirma. Ein Prototyp, der nie in Serie produziert wurde. 60 000 Mark gaben sie dafür aus. Heute steht er im Puppenhausmuseum in Basel.

Christel Pistorius hat 1992 ihren Beruf als Chefsekretärin aufgegeben, ihr Hobby ist längst Hauptberuf geworden. Sie reist als Bärenexpertin quer durch das Land, organisiert und inszeniert Ausstellungen, sitzt in Jurys, um Künstlerbären zu beurteilen, schätzt und berät bei Teddysprechstunden und rettet »abgeliebte« und »stark bespielte« Exemplare in ihrer Teddyklinik. Ihr Mann Rolf arbeitet hauptberuflich als EDV-Projektmanager, widmet aber seine Freizeit ebenfalls den Bären. Er fotografiert sie für Kalender, Postkarten und Bücher. Beide zusammen haben inzwischen fünf Bücher über Teddys und Plüschtiere veröffentlicht, zuletzt ein Fachbuch zum Restaurieren angeschlagener Tiere. Im Namen von »Emil Bär«, einem ihrer ältesten Sammelstücke, schreiben beide für eine Teddy-Fachzeitschrift die Kolumne »Neues aus Bärenhausen«, in der Emil regelmäßig von seinen Abenteuern erzählt.

Es gibt wohl kaum etwas von, über oder mit Teddybären, was sich nicht in ihrem Haus befindet oder dessen Nachweis sich nicht finden lässt: Über die Jahre haben sie ein umfangreiches Foto-Archiv aufgebaut, in dem fast jedes Bärenfabrikat abgelichtet ist; haben eine Fachbibliothek angelegt und pflegen umfangreichen Schriftverkehr mit allen Museen und Fachleuten weltweit, die sich mit Teddybären und anderen Plüschtieren befassen. »Wissen Sie«, sagt Christel Pistorius mit unverhohlenem Stolz, »es ist schon etwas Besonderes, was wir hier aufgebaut haben. In den USA gibt es viele Sammler, die größere Sammlungen haben. Aber die sammeln dann auch alles, was neu auf den Markt kommt. Es ist keine Kunst, viele neue Teddys zu kaufen. Aber bei uns sehen Sie nur Originaltiere und Accessoires, die alt sind – der Großteil der Sammlung über 90 Jahre. Das finden Sie sonst nirgendwo.«

Als der erste Tee getrunken ist, zeigt mir Christel Pistorius die »Bärenzimmer« in der oberen Etage. Sie erzählt: »Anfangs haben wir sogar gesagt: ›Ich sammle, mein Mann sammelt nicht‹, denn Mitte der achtziger Jahre war es nicht üblich, dass ein Manager in leitender Stellung Bären sammelt. ›Da stimmt doch etwas nicht!‹, so haben die Leute reagiert. Heute wissen wir von Geschäftsführern, von maßgeblichen Männern in der Wirtschaft, die auch öffentlich Bären sammeln, das ist also heute kein Problem mehr, aber es hat doch über zehn Jahre gedauert, bis ein Bären sammelnder Mann dazu stehen konnte.«

Die erste Tür rechts führt direkt in die Teddyklinik. Das Zimmer ist vom Grundriss des Hauses wohl als Kinderzimmer gedacht, aber das Paar ist kinderlos. Etwa 12 qm ist der Raum groß, mit Dachschräge. Gegen die Nachmittagssonne ist ein blaues Rollo mit einem Muster von spielenden Bären heruntergezogen. »Damit die Farben nicht leiden. Das wäre mir ja das Ärgste, dass womöglich Tiere, die mir anvertraut werden, hier zu Schaden kommen. Aber ich habe für alle Fälle natürlich auch eine entsprechende Versicherung abgeschlossen.« Neben der Tür rechts ein hohes Regal, auf dem sich Kisten und Kästen stapeln, Stoffreste, Garne. Auf einem kleinen Arbeitstisch davor eine Nähmaschine. Unter der Dachschräge dahinter warten die Patienten auf Diagnose und Therapie: geduldig nebeneinander in einem Kinderkrankenbett mit offenem Gitter. »Das habe ich bei einem Krankenhausumbau kaufen können. So sind die« (ihr Kopf nickt kurz in Richtung Kundschaft)

»gut aufgehoben und müssen nicht in Kartons dahinvegetieren. Und auch die Besitzer sind beruhigt, wenn sie die Tiere hierher bringen oder sie wieder abholen.« Unter dem Fenster, gegenüber der Tür, steht ein dickes Paket auf einer hohen Kommode. »Ich habe gerade per Post aus dem Ruhrgebiet einen Bären geschickt bekommen, die Restaurierung soll ein Geschenk werden von einer Dame an ihre Freundin. Der Mann der Freundin wollte ihn wegwerfen, sie hat ihn dann noch gerettet und erzählt, dass ihre Freundin den Bär zu Hause nicht hinsetzen darf, so wie er jetzt aussieht: Loch im Kopf, keine Augen, total bespielt.«

»Abgeliebt« oder »total bespielt« ist der Fachjargon unter Bärensammlern dafür, dass die Tiere mit den Jahren einen erheblichen Trost- und Liebesabrieb erlitten haben. Jahrelang kuscheln sich Nacht für Nacht kleine Kinderköpfe an ihren

Seelentröster und streicheln ihm den Bauch, die Arme, bis sie eingeschlafen sind. Meistens sind die hervorstehenden Schnauzen als Erstes kahl, dann die Arme. »Sommerfell« heißt es auch, wenn nur noch der blanke Unterlegestoff ohne eine Spur weicher Mohairwolle übrig bleibt. »Was ich natürlich nicht mache, wenn ein Bär total kahl ist, ich ziehe dem kein Fell über. Das geht einfach nicht. Manchmal werden die Leute richtig böse und sagen: ›Sie haben doch alten Plüsch, nun überziehen Sie meinen Bären.‹ Dann sage ich: ›Dann kaufen Sie sich einen neuen Bär. Wenn ich den überziehe, dann haben Sie ja einen neuen Bär.‹« Der alte, geliebte Bär, und sieht er noch so marode aus, bleibt als der alte erkennbar: das ist die allerwichtigste Regel, die Christel Pistorius eisern befolgt. Auch wenn nur noch so ein Häufchen Elend übrig ist, wie das, was sie jetzt vorsichtig aus dem Paket befördert. Teddybär kann man das nicht mehr wohlgemut nennen, ohne alle Angehörigen der Zunft zu beleidigen. »Es« sieht aus wie aus einer Mülltonne gezogen – ein grauer Beutel ohne Ohren und Augen, verwendbar eher schon als Beißsack für Welpen in der Hundeerziehung. Auf der schlaffen Bauchdecke klebt ein altes Pflaster, eine andere Stelle ist mit viel zu dickem schwarzem Garn gestopft, aus dem Hals quillt Holzwolle, aus dem Bauch Watte. Ein schwerer Fall, aber kein aussichtsloser: die Teddydoktorin kramt schon in kleinen Dosen und Schachteln, die sie aus einem Regal links neben der Kommode fischt. »Ich sammle ja alles, weil man alles einmal gebrauchen kann. Plüsche, Augen, Unterlegstoffe, Füllungen. Auch wenn Plüschtiere ganz verloren sind, meistens kann man doch noch etwas davon gebrauchen – und das sind dann die Originalteile, die man zur originalen Wiederherstellung nehmen kann, ohne dass ein Teddy wie neu aussieht.« Auf dem Regal kullern Teddyaugen in zigfacher Ausführung und Größe durch kleine Plastikdosen, eine ganze Schublade voller Ohren wartet auf alte Teddyköpfe, eine Etage darunter steht eine Kiste voller Stimmen in allen Größen: Tiefblöker zum Kippen und Quietscher zum Drücken, Spieluhren mit Melodien von ›Guten Abend, gute Nacht‹ bis ›Der Clou‹. Gesammelt in jahrelangen nimmermüden Streifzügen über Flohmärkte, Messen und Ausstellungen. »Ich habe mich immer schon gerne mit Handarbeiten beschäftigt«, erläutert die Chefin, stolz ihre Schätze überblickend, »und habe da und dort kleine Sachen gefunden und gesehen – manchmal auch in ganz anderen Zusammenhängen, ohne das könnte ich meine Arbeit gar nicht machen. Das da« – sie zeigt auf eine große Stoffbahn mit dunkelbraunem Langhaar-Mohairplüsch – »habe ich vor ein paar Jahren in Thüringen entdeckt. Da waren wir zu Besuch und die zwei älteren Herrschaften, denen der Stoff gehörte, benutzten den als Sofadecke. Ich habe ihnen erklärt, dass man den wundervoll für die Restaurierung von alten Teddys benutzen kann, aber sie wollten den gar nicht hergeben. Ich habe ihnen schließlich eine neue Sofadecke ganz nach ihren Wünschen gekauft und dann durfte ich den Stoff endlich mitnehmen.«

Bei der Diagnose ihrer Fälle geht sie so systematisch vor wie menschliche Ärzte auf der Aufnahmestation. Wenn sich auch nur die leisesten Hinweise auf hochinfektiöse Erkrankungen ergeben, also kleine Löcher im Pfotenfilz oder rieselige Holzwolle, kommen die Tiere erst mal in Quarantäne: 14 Tage Tiefkühltruhe tötet alle Motten oder Holzwürmer zuverlässig. Dann kommt die genaue Analyse: Um die Fabrikate genau zu ermitteln und manchmal sogar das Herstellungsjahr, gibt es untrügliche Hinweise: die Augen (matt oder glänzend, Glas oder Plastik, mit Pupille oder ohne, Farbe, Größe), die Ohren (wie und wo angesetzt, Form), die Schnauze (längs oder quer gestickt oder geklebt), Länge und Schwung der Arme, Form des Rumpfes (rund oder eher länglich, mit Buckel oder Bauch), die Pfoten (gestickte oder gemalte Krallen, Filz mit Mottenlöchern oder ohne), das Fell (Material, Unterlegstoff, Farbe), die Füllung (Holzwolle, Kapok, Watte, Schaumstoff). Dann wird nachgesehen, ob alle Teile original sind, oder ob schon einmal etwas ersetzt, angenäht, gestopft wurde.

Der blinde und taube Korpus aus dem Ruhrgebiet hat Glück: »Der kriegt seine alten Glasaugen wieder, die habe ich da. Aber eine Größe kleiner als original, weil die früher im Fell verschwunden sind und jetzt ohne Fell zu sehr herausquellen würden. Am Hals, da wird es schlimm. Da ist der Stoff schon so morsch, da muß ich alten Stoff unterlegen. Wissen Sie, da nehme ich den Originalstoff, das war gespitzter Mohair, und rasiere den ab, dann sieht der genau richtig aus.« – Viel Mühe für so einen Lumpenhaufen, wenn auch heiß geliebt. Der Ruhrpott-Korpus kommt morgen dran, erst mal wird er liebevoll auf die Kommode gebettet.

Es ist etwas in diesem Krankenzimmer, in diesem ganzen Haus, das diesen Bären tatsächlich etwas Lebendiges verleiht. Auch dem nächsten Patienten, einem alten gelben Teddy, der schon seit einer Woche im Kinderbett ausharrt. Seine Biss- und Risswunden werden so vorsichtig betastet, als empfände er tatsächlich Schmerzen. »Du Armer« – die Stimme von Christel Pistorius klingt dabei so, als würde sie ein weinendes Kind trösten. »Den hat der Hund der Familie bös erwischt«, erklärt sie mitfühlend. Sie trifft ihre Patienten bei Teddyklinik-Sprechstunden in Spielwarenabteilungen von Kaufhäusern oder über Mund-zu-Mund-Propaganda. »Bis zu 800 Leute haben wir an diesen Sprechstunden gezählt, und einmal haben wir an einem einzigen Tag 60 neue Patienten in die Klinik aufgenommen. Der Andrang ist unglaublich. Für das nächste halbe Jahr ist die Klinik ausgebucht.« Manchmal kommen nach solchen Sprechstunden Riesenpakete bei Pistorius an, mal ein Bär auf Rädern, mal ein fast lebensgroßer Esel. Ohne Vorankündigung, einfach mit einem Begleitschreiben, sie (»Teddymutter Pistorius«) möge sich doch bitte darum kümmern. »Die Leute meinen, man ist immer im Einsatz. Es kommt immer wieder vor, dass ich morgens um 7.30 Uhr oder nachts um 23 Uhr geweckt werde von Besitzern, die mir dann ihre Teddygeschichten erzählen. Manchmal wird sogar mir das zu viel, aber ich gehe fast immer ans Telefon. Es könnten ja auch Händler sein, oder Flohmarktbesitzer, die uns von einem Unikat erzählen wollen. Das möchte ich natürlich nicht verpassen.«

Dass man mit Bären spricht, ist für sie völlig normal. Die Bären-Unterhaltungen hören für die meisten auf, wenn sie selbst aufhören, so richtig Kind zu sein. Dann sitzt der Geheimnisträger plötzlich in der Ecke, wird zur Dekoration an der Bettkante. Das geschieht ungefähr dann, wenn man den Ranzen packt und vernünftig werden soll, in der Schulzeit. Christel Pistorius hat längst wieder das Gespräch aufgenommen. »Zu mir kam mal 'ne Frau bei einer Einschätzung und fragt: ›Können Sie mir helfen? Mein Mann sagt, ich spinn', ich sprech' mit meinem Bär.‹ Ich sage: ›Dann schicken Sie mal Ihren Mann zu uns oder wir machen eine Zusammenkunft. Wir sprechen auch mit unseren Bären, aber deswegen sind wir nicht verrückt oder haben einen Tick. Wir sehen in dem Bären ein Wesen, das uns als Kind begleitet hat, und warum soll man sich als Erwachsener nicht die Erinnerung bewahren?‹ Oder Männer. Die kommen bei Einschätzungen und sagen dann: ›Gell Purzel, du hast keine Angst vor der Tante‹ – ganz spontan, die Umstehenden lächeln dann oder lachen, meistens sind es ja Bärenbegeisterte, und dann dämmert es den Besitzern plötzlich, jessas, was haben sie jetzt gemacht, jetzt haben sie mit dem Bären gesprochen. Das ist ihnen dann peinlich. Ich geh' bei so was gleich drüber weg und spreche selber mit dem Bären. Und dann ist das wieder ganz normal, man spricht eben mit Bären.« Die Phase, wo sie sich selber infrage gestellt hat, weil sie sich laut mit ihren Bären unterhielt, scheint sie lange hinter sich gelassen zu haben. So ein Bär ist für sie eben auch nur ein Mensch. Fast. »Jeder Sammler hat seine eigene Philosophie, der eine lebt's und der andere versteckt's und der Nächste macht's ganz offen. Ich kenne ein Sammlerehepaar, die waren vor Jahren einmal bei uns zu Besuch und brachten ihr Bärenpärchen mit. Die sagten dann ganz klar und deutlich: ›Wo sitzen unsere Bären?‹ Und dann habe ich gesagt: ›Auf der Couch ist noch Platz.‹ – ›Nein, die müssen doch am Tisch sitzen.‹ Es ging also so weit, dass die Bären ihren eigenen Teller bekamen und ihr Honigplätzchen und da wurde sogar Tee eingeschenkt. Aber das ging uns zu weit. Ich denke, man kann es mal aus Spaß machen, wenn wir einen Bären mitnehmen auf Reisen und wir nehmen ihn mit zum Frühstück runter, und wenn's dann Honig gibt oder mein Mann isst ein Honigbrot, dann streckt er dem Bären schon mal verstohlen das Honigbrot hin. Aber wir lachen dann, wir wissen natürlich, der Bär kann nicht essen, der Bär ist eigentlich ein totes Ding, aber die Fantasie, die man reinlegt, die Verbindung – daraus entstehen oft die Ideen zu unseren Bärengeschichten.«

Vom Krankenzimmer aus gehen wir über den Flur in ein zweites Zimmer, in dem ein Haufen Plüschbären gemütlich auf einem breiten Sofa sitzt. Das Altenheim. Oft sind Teddys Lebensbegleiter, vielleicht sogar schon über mehrere Generationen, mit der Familiengeschichte untrennbar verwoben. Manchmal, wenn die Besitzer selber an ihr Lebensende kommen, fragen sie, ob Christel Pistorius nicht ihren Liebling adoptieren würde, weil sie sonst um dessen Dasein fürchten. Irgendwann kam Christel Pistorius auf die Idee, für die Adoptierten ein Altenheim zu gründen. »Zum glücklichen Petz« heißt es jetzt, Vorsteher: Emil Bär.

»Der ist von 1908. Und dieser Emil erzählt mir Geschichten, die schreibe ich auf. Der ist auch der Verfasser von ›Teddys Traumwelt‹ und ›Neues aus Bärenhausen‹: Wie die Bären in der Kinderstube leben, wie sie einen Schulausflug machen, wie sie in der ganzen Welt herumreisen, das sind so die Geschichten. Der Emil, das war unser erster alter Bär, da haben wir lange überlegt, ob wir ihn kaufen. Der hat die typischen Schuhknopfaugen, unheimlich lange Arme, eben aus der Zeit von 1908. Emil erinnert mich ganz stark an meinen Patenonkel Emil, ist auch ungefähr der gleiche Jahrgang. Er trug immer eine – so haben wir damals gesagt – schusssichere Brille und eine Baskenmütze, so wie dieser Bär jetzt auch. Ich hatte immer ein bisschen Angst vor den großen Augen bei meinem Menschenonkel Emil. Der trug immer eine Weste und sonntags gab es eine Taschenuhr dazu. Und ich habe tatsächlich auch so eine Taschenuhr für ihn gefunden.« Emil sieht wirklich so aus wie die Beschreibung des Menschenonkels. Bei dem Foto, das in der Zeitschrift seine Rubrik schmückt, scheint er durch seine dicke Brille über die Tasten einer alten Schreibmaschine zu starren. »Teddy Emil hat sich dann im Lauf der Jahre verliebt, hat sich also seine Frau ausgesucht. Alle andern hier in der Pension waren entsetzt, weil sie nicht so blaublütig ist wie die aus dem großen bekannten Haus der Bären in Giengen. Sie ist Fabrikat Bing aus Nürnberg, die Nasengarnierung ist auch ganz anders als bei Steiff, die Fußform lange nicht so ausgeprägt, die Arme viel schlanker, die Pfotenspitze viel schmaler. Diese alte Dame, jetzt Emils Flamme, hat eine Besonderheit: sie hat keine Ohren. Wir haben uns mit den Alten aus der Pension beraten und einstimmig beschlossen, dass die Omi auch keine kriegt. Sonst würde ihr nämlich ihr kecker Hut – ein Original

von 1910 – nicht mehr passen.« Beide Bären sind gut 75 cm groß und sitzen nebeneinander auf zwei Stühlchen.

Christel Pistorius zeigt auf einen dunkelbraunen Teddy im Rüschenkleid: »Die haben wir zugeschickt bekommen aus Bergamo in Italien. Die war nackt, sehr abgeliebt, und wir haben ihr so ein ganz altes Mieder und Spitzenkleidchen mit Nerzstola angezogen. Die hat noch Schuhknopfaugen, aber die Ohren sind nicht richtig angeordnet, die Pfoten sind mit altem Brokatstoff überzogen, bei den Sohlen ist es ein alter Mantelstoff. Ich hätte die ganze Omi richten können, aber die Dame, die sie mir geschickt hat, will, dass die Omi so erhalten bleibt,

dass da nicht dran rumgestichelt wird und nicht genäht, sondern dass sie so in Ehren gehalten wird. Dazu gehört auch dieses vor Jahrzehnten falsch angenähte Ohr. Da spricht man dann vom Charakterbären. Den gibt es – oder sie, die Bärin – die gibt es in dieser Optik nur einmal.« Sie geht weiter zu einem mittelgroßen Bären, an dessen linkem Fuß Postkarten lehnen. »Das ist Petzi. Dem schicken seine Menschen Postkarten. Und jedes Weihnachten kriegt er auch einen Anruf. Dann stelle ich auf ›Lautsprecher‹, damit er sie auch hört. Das sind ganz liebe Leut', die sind nicht senil oder was, die haben nur Angst. Sie sind beide nicht mehr so gesund, haben's beide mit dem

Herzen, und wenn ihnen was passiert, dann würde er weggeworfen. Die Kinder, die sie haben, die achten das nicht. Ich habe alle Karten gesammelt und Petzi habe ich auch nicht repariert, Petzi muss so bleiben. Das sind noch die Kinderschuhe von der Menschenmutter.«

Auch in der Altenpension wird, wie in der Teddyklinik, darauf geachtet, dass es keine ungebetenen Mitbewohner gibt, die den Alten schaden könnten. »Ich habe im Zimmer verteilt viele offene Kästchen mit Lavendelblüten, die brösel ich immer mal durch, dann steigt der Duft wieder hoch. Mottenpulver nehme ich nicht. Ich finde das furchtbar, wenn Bären nach Mottenpulver riechen. Neuzugänge an alten Bären setze ich nie zu den Bären, die wir schon haben, sondern die kommen erst mal in die Tiefkühltruhe. Viele sagen: ›Um Gottes willen, so viel Plüsch und kommen denn da nicht die Milben und die Motten‹, aber ich habe noch nie was gesehen. Ich bürste sie natürlich auch zwischendurch und gehe mit einem Spezialwasserstaubsauger durch die Räume. Das gibt eine ganz gute Luft. Bei uns sitzen 80 Prozent der Sammlung frei, so viel Schränke und Vitrinen könnte ich gar nicht herbeischaffen.«

Als Christel und Rolf Pistorius anfingen, zu sammeln, war sie 40. Was hat Frau Pistorius so berührt, dass sie danach ihr ganzes Leben umgekrempelt hat und sich jetzt nur noch mit Bären und ihren Geschichten umgibt? Das nasse Bambi, das sie auf einem Flohmarkt entdeckte, hatte Erinnerungen an die Kindheit geweckt. »Das Bambi hatte ich zu Weihnachten bekommen, und dann noch Micki und Mecki. Erst den Mecki, Micki später, weil das waren damals schon teure Dinge, die gab es nur zu besonderen Anlässen. Mein allererster Bär, da gibt es auch noch ein Foto, da war ich so anderthalb Jahre alt, war ein Zelluloidbär, also ein harter. Mit dem musste ich vorsichtig umgehen, weil Zelluloid ja schnell bricht. Das war nichts Kuscheliges. Einen Teddy bekam ich erst später, das war mein Zotty, da war ich schon elf. Und ich weiß noch genau, das war dann im Ruhrgebiet, dass ich zwischen zwei Zottys aussuchen konnte, und ich habe die Gesichter genau betrachtet und den genommen mit dem rundlichen Gesicht und dem kleinen Mund. Der gefiel mir ganz besonders, das war ja der erste weichgestopfte Bär. Dieses Kuschelige, so babyähnlich weichwarm, dieses Gefühl habe ich jetzt immer noch in Erinnerung. Die Puppen, die ich hatte, waren alle hart. Das waren teilweise Kriegspuppen aus Holz, das ist was ganz Anderes. Ich habe heute noch die ganz gleiche Beziehung zu Zotty und mein Mann hat seinen Petsy. Ein Plüschtier oder ein Teddy bedeutet heute noch für mich Entspannung. Wenn ich mal nicht einschlafen kann, da geht der Bär mit ins Bett. Und das ist bei meinem Mann eigentlich genauso.«

Durch die Sammelleidenschaft hat sich nicht nur ihre Freizeit, ihr Beruf verändert, auch ihr Freundeskreis ist ein anderer geworden. Als sie davon erzählt, bleibt die Stimme ganz gelassen, aber die Augen blicken starrer. »Irgendwann war es halt so, dass wir nur noch von den nächsten Auktionen erzählt haben, von Bären, die uns noch in der Sammlung fehlen, von den nächsten Terminen. Wir hatten einfach keinen neutralen Gesprächsstoff mehr, den wir mit den alten Freunden teilen konnten. Und wir haben uns auch nicht mehr für die Dinge interessiert, die unsere Freunde wichtig fanden. Jetzt sind wir eigentlich nur noch mit gleichgesinnten Pärchen befreundet, mit anderen Sammlern.«

Wir sitzen wieder am Esstisch, mein Glas wird mit Wasser nachgefüllt. Gibt es auch Zeiten oder Orte, wo die Bären weit entfernt sind, wo sie nicht daran denkt? »Wir denken viel an Bären. Wenn ich jetzt zum Beispiel im Dunkeln über einen Flohmarkt gehe und gucke unter die Tische, da ist es mir schon passiert, dass ich nach was Willigem fasste und dachte, es wär' ein Bär, und ich hatte dann aber einen lebendigen Hund an der Hand. Die Augen sind so darauf getrimmt – und auch das Gefühl –, alles, was wollig ist, könnte ein Bär sein. Mir geht's auch manchmal so in der Stadt: Ich seh' Kleidung mit Bären, was andere vielleicht gar nicht bemerken. Also, Bären sind immer irgendwie in meinem Hirn. Wir haben einmal gesagt, wir müssen mal weg von den Bären, total entspannen und mal keine Bären sehen. Wir haben Urlaub gemacht und gesagt, wo sehen wir keine Bären, auf einer Hallig. Wir fahren auf eine Nordsee-Hallig. Und das war uns dann doch ein bisschen einsam, aber wir sind nach Amrum, und wir kommen da an und steigen von der Fähre runter und lesen ein Schild: ›Heute Flohmarkt‹. Sie können sich vorstellen, wir sind nicht ins Quartier, wir sind auf den Flohmarkt. Was haben wir da gefunden? Natürlich Bären.«

Die Autoren

Ludwig Bechstein (1801–1860) arbeitete als Archivar und sammelte deutsche Sagen und Märchen, die er im ›Deutschen Märchenbuch‹ herausgab.

Heiner Boehncke, geboren 1944, ist Professor für Literaturwissenschaft an der Frankfurter Universität und Literaturredakteur beim Hessischen Rundfunk.
Gummibärchen (S. 97 ff.); Erstveröffentlichung. Abdruck mit freundlicher Genehmigung des Autors.

Dorothea Friedrich, Studium der Germanistik und Anglistik in Heidelberg, Freiburg, Durham und München. Promotion in München. Jounalistin und freie Autorin. Lebt in Wiesbaden.
Er will dir seine Tatze reichen (S. 117 ff.); Erstveröffentlichung. Abdruck mit freundlicher Genehmigung der Autorin.

Bernd Fritz, geboren 1945 in Bechtheim bei Worms, Studium der Romanistik und Germanistik in Mainz und Frankfurt, stand zeitweise der ›Titanic‹-Redaktion vor, diente alsdann im ›FAZ-Magazin‹ und arbeitet jetzt endlich.
Wie ein deutsches Witzebuch über unsere Gummibärchen einmal sogar auf amerikanisch gedruckt wurde (S. 69 ff.); Abdruck mit freundlicher Genehmigung des Autors.

Max Kruse, geboren 1921 in Bad Kösen, Sohn der berühmten Puppenmacherin Käthe Kruse. Er schrieb u. a. die Kinderbuch-Klassiker ›Der Löwe ist los‹, ›Urmel aus dem Eis‹ und ›Don Blech und der goldene Junker‹.
Meine Teddybären (S. 13 ff.); Erstveröffentlichung. Abdruck mit freundlicher Genehmigung des Autors.

Caroline Möhring ist gelernte Biologin und berichtet seit vielen Jahren für die ›FAZ‹, deren Wissenschaftsredaktion sie zehn Jahre lang angehörte. Seit 1995 lebt und arbeitet sie in Dresden.
Freundliches Kuscheltier, blutrünstige Bestie (S. 73 ff.); Erstveröffentlichung. Abdruck mit freundlicher Genehmigung der Autorin.

Monika Osberghaus, geboren 1962 in Gummersbach, war einige Jahre lang Buchhändlerin, bevor sie in Frankfurt am Main Germanistik studierte. Seit 1996 betreut sie die Kinder- und Jugendbuchseite der ›FAZ‹. Als Übersetzerin des berühmten Paddington ist sie mit literarischen Bären bestens vertraut.
Bääär! Denn Bären machen Kinder glücklich (S. 35 ff.); Erstveröffentlichung. Abdruck mit freundlicher Genehmigung der Autorin.

Cord Riechelmann, geboren 1960 in Celle, studierte Biologie und Philosophie an der Freien Universität Berlin und arbeitet heute als Journalist. Sein Beitrag erschien am 8. Januar 2000 in der ›Frankfurter Allgemeinen Zeitung / Berliner Seiten‹.

Jan-Uwe Rogge, geboren 1947, arbeitet als Familien- und Kommunikationsberater. Seine Bücher zum Thema: ›Kinder

haben Ängste‹ (1997) und ›Ängste machen Kinder stark‹ (1999).
Von den Bären-Kräften der kindlichen Fantasie (S. 59 ff.); Erstveröffentlichung. Abdruck mit freundlicher Genehmigung des Autors.

Hilde Weeg, Studium der Germanistik, Anglistik und Geschichte. Freie Autorin, u. a. für den Hessischen Rundfunk. Litt als Kind darunter, dass ihr Bruder einen »echten« braunen Teddy hatte und sie nur einen weißen.
Position 2311 – Minky-Zotty, abgeliebt, ohne Limit (S. 101 ff.), *Bären sind irgendwie immer in unserem Hirn* (S. 135 ff.); Erstveröffentlichungen. Abdruck mit freundlicher Genehmigung der Autorin.

Bildquellenverzeichnis

Die Bilder im *Farbteil* stammen von:
Margarete Steiff GmbH: S. 1, 2, 4, 8 oben, 14, 16; alle übrigen von Christel und Rolf Pistorius, Gäufelden.

Schwarzweißabbildungen:
S. 8: Ausschnitt aus ›Die nördliche Himmelskugel‹, Sternkarte von Albrecht Dürer, 1515
S. 10, 17, 31, 38, 62, 109, 146/147: Margarete Steiff GmbH
S. 52, 54: Illustrationen von Ludwig Richter zum Märchen ›Das Nusszweiglein‹
S. 71: aus: Hans Traxler. Aus dem Leben der Gummibärchen. Copyright © 1992 by Diogenes Verlag AG Zürich
S. 77, 83, 84, 89: Meyers Konservations-Lexikon 6. Auflage, 1906
S. 87: WWF Deutschland, Frankfurt am Main
S. 95: Senatsverwaltung für Inneres, Berlin
S. 124: Le Livre de la chasse (um 1405–1410) von Gaston Phébus. Bibliothèque nationale de France.
S. 133: Beschauliches und Erbauliches. Ein Familien-Bilderbuch von Ludwig Richter. 1851
S. 139: Christel und Rolf Pistorius, Gäufelden

Trotz aller Bemühungen konnten nicht alle Rechteinhaber ermittelt bzw. erreicht werden. Der Verlag verpflichtet sich, rechtmäßige Ansprüche jederzeit in angemessener Form abzugelten.

Pu der Bär im dtv

A. A. Milne
Pu der Bär
Gesamtausgabe · dtv 70451
Die beiden Klassiker ›Pu der Bär‹ und ›Pu baut ein Haus‹ mit den berühmten Illustrationen von E. H. Shepard in der Übersetzung von Harry Rowohlt.
»**Eine deutsche Ausgabe, die Komposition, Stimmung und Zauber der Vorlage kongenial wiedergibt.**« *Die Zeit*

John Tyerman Williams
Die Prophezeiungen des Pudradamus
Der esoterische Bär und die Weltmysterien
dtv 20358
Ob Astrologie, Druidentum oder Deutung des Tarot: Der Bär von enormem Verstand ist Meister in jedem Bereich.

John Tyerman Williams
Jenseits von Pu und Böse
Der Bär von enormem Verstand und die Philosophie
dtv 20160
Was viele längst vermuteten: Die abendländische Philosophie läuft auf den Bären von nur scheinbar geringem Verstand zu.

Benjamin Hoff
Pu der Bär, Ferkel und die Tugend des Nichtstuns
Der weise Bär auf den Spuren des Lao-tse
dtv 20271
Völlige Harmonie mit dem Fluss des Lebens ist oberstes Ziel der Philosophie des Taoismus. Und wer könnte das besser nachvollziehen und erklären als Pu, schon immer ein Meister in der Bären-Disziplin des Nichtstuns?

Ethan Mordden
Fit mit Pu
Des starken Bären natürlicher Weg zu Schönheit und Kraft
dtv 20207
Das Fitnessprogramm des berühmtesten aller Bären, der uns jenseits aller ausgetretenen Trimm-dich-Pfade führt: Windgehen, Vom-Baum-Fallen, Ungestüm-Sein und andere hochwirksame Übungen. Das wichtigste aber: das Ausruhen nach dem Training.

Nachlesen und Mitreden
Fanbücher im dtv

Poppy Z. Brite
Courtney Love
dtv premium 24135
Erstmals porträtiert:
Rock'n'-Roll-Ikone und
Filmstar

Bis zum bitteren Ende
Die TOTEN HOSEN
erzählen ihre Geschichte
dtv 20057

Rosenstolz
**Lieb mich, wenn du
kannst, nimm mich,
nimm mich ganz**
Leben, Geschichten,
Lieder
dtv 20058

Cora Frost
**Mein Körper ist
ein Hotel**
dtv 20135

Georgette Dee
Gib mir Liebeslied
Chansons, Geschichten,
Aphorismen
dtv 20059

Dieter Bartetzko
**»Wo meine Sonne
scheint«**
Caterina Valente
Ein Wirtschaftswunder
dtv premium 24134

Coco Schumann
Der Ghetto-Swinger
Eine Jazzlegende erzählt
dtv premium 24107

Bill Zehme
Frank Sinatra
My Way
oder die Kunst, einen Hut
zu tragen
dtv premium 24149

dtv

Kleine Philosophie der Passionen

Zum Selberlesen und Verschenken – für alle,
die bereits einer Leidenschaft erlegen sind oder
ihre wahre Passion noch suchen

Burkhard Spinnen
Modelleisenbahn
dtv 20217

Michael Knopf
Spielen
dtv 20266

Christiane Grefe
Reisen
dtv 20163

Franz Josef Görtz
Telefonieren
dtv 20319

Roswin Finkenzeller
Schach
dtv 20218

Dieter Hildebrandt
Tennis
dtv 20264

Sylvia Bieker
Christine Ellinghaus
Schuhe
dtv 20320

Margaret Minker
Umziehen, umräumen, umbauen
dtv 20099

John von Düffel
Schwimmen
dtv 20321

Arnulf Conradi
Vögel
dtv 20098

Karl Forster
Segeln
dtv 20038

Thomas Karlauf
Wein
dtv 20216